U0823384

重庆工商大学财－商科学术研究国际化促进计划（项目编号：68011500703）资助；
重庆工商大学专著出版基金（项目编号：631915008）资助；
重庆工商大学高层次人才科研启动项目“宏观审慎政策与企业的融资行为：基于我国上市公司商业信用的研究”（项目编号：2355057）资助

宏观审慎政策的微观效应分析

——基于我国银行和企业数据的研究

康巧灵　陈明花　吴　季　著

中国财经出版传媒集团
中国财政经济出版社
·北京·

图书在版编目（CIP）数据

宏观审慎政策的微观效应分析：基于我国银行和企业数据的研究 / 康巧灵，陈明花，吴季著. -- 北京：中国财政经济出版社，2024. 10. -- ISBN 978 - 7 - 5223 - 3453 - 0

Ⅰ. F120

中国国家版本馆 CIP 数据核字第 2024ZG1335 号

责任编辑：彭　波　　　　责任印制：史大鹏

封面设计：孙俪铭　　　　责任校对：张　凡

宏观审慎政策的微观效应分析

——基于我国银行和企业数据的研究

HONGGUAN SHENSHEN ZHENGCE DE WEIGUAN XIAOYING FENXI

——JIYU WOGUO YINHANG HE QIYE SHUJU DE YANJIU

中国财政经济出版社 出版

URL：http：//www. cfeph. cn

E - mail：cfeph@ cfeph. cn

（版权所有　翻印必究）

社址：北京市海淀区阜成路甲 28 号　邮政编码：100142

营销中心电话：010 - 88191522

天猫网店：中国财政经济出版社旗舰店

网址：https：//zgczjjcbs. tmall. com

中煤（北京）印务有限公司印刷 各地新华书店经销

成品尺寸：170mm × 240mm　16 开　12. 5 印张　188 000 字

2024 年 10 月第 1 版　2024 年 10 月北京第 1 次印刷

定价：68. 00 元

ISBN 978 - 7 - 5223 - 3453 - 0

（图书出现印装问题，本社负责调换，电话：010 - 88190548）

本社图书质量投诉电话：010 - 88190744

打击盗版举报热线：010 - 88191661　QQ：2242791300

前　言

2008～2009年全球金融危机的爆发非常直观地展现了微观审慎监管框架的局限性，即仅关注个体金融机构的稳健性无法有效防范系统性的金融风险。危机后，各国金融监管部门和学术界在对金融危机爆发原因的分析和对金融监管的反思过程中逐步推出和完善了“宏观审慎监管”的概念。由此发轫，宏观审慎监管的思路、框架和实践开始逐步受到理论界与实务界的重视。区别于微观审慎监管，宏观审慎监管主要通过采取审慎工具来维护金融系统的整体稳定性，即防范系统性金融风险，其政策目标能否实现及执行效果不仅关系到整个金融系统的健康稳定，也是金融高效服务实体经济的基石。

笔者对宏观审慎政策的研究兴趣源于博士期间吴季、陈明花两位老师的悉心引导。其时，宏观审慎政策的研究方兴未艾，但既存在概念界定不清和量化指标不一致等问题，政策工具与监管目标之间的经济逻辑关系也亟待厘清。这对该领域的研究构成了诸多挑战的同时，也激发了研究兴趣。经过大量文献的阅读，笔者对宏观审慎政策的研究现状有了初步了解，但却无法找到适当的视角开展研究。正当苦于寻找研究切入点时，国际货币基金组织（IMF）的一篇工作论文给予了灵感。大部分文献研究宏观审慎政策的视角都是从宏观层面以及金融机构出发，但这篇论文却从微观企业的角度来观察政策对企业的银行融资带来的影响。这一独特视角打开了笔者的思路，认识到宏观审慎政策对金融体系各方面的监管最终会传导至金融服务的需求方——微观企业，以往的研究往往忽视了这一点。从微观企业层面对宏观审慎政策展开研究具有广阔的探索空间，对于理解宏观审慎政策的传导机制及溢出效应也具有重要的学术价值与现实意义。明晰了研究主题，笔者立即着手研究，干劲十足地搜集数据、构建变量、进行计量分析。随着研究的深入，问题与挑战不断出现，但强烈的好奇心始终驱使着我继续深入探索。在与师友的讨论中反复修改模型、不断更新文献、搜集新数据，度过了一个又一个炎炎夏日。最终，这篇研究论文幸运地在 SSCI 期刊“*Journal of International Money and Finance*”上发表，这篇论文的顺利发表是激励笔者继续在学术路上求索的原初动力。受此激励，笔者在宏观审慎政策的研究领域继续探索，又陆续产生了新的研究灵感，对政策的微观影响及传导机制有了更深入的研究，在该研究领域也有了一定的积累。

近年来，我国宏观审慎政策框架的构建逐渐完善，宏观审慎政策的目标、风险评估、政策工具和责任主体等内容也逐渐清晰，我国宏观审慎政策工具在丰富程度和经验积累方面在国际上也处于领先地位。然而，关于我国宏观审慎政策的有效性、在微观层面的影响和传导机制方面还缺乏全面的研究。因此，本书同时从个体银行和企业两个微观视角分别对我国宏观审慎政策的风险抑制有效性以及对企业融资行为的影响进行全面和深入的研究，详细地探讨了宏观审慎政策作用的潜在机制和影响的异质性。本书的研究致力于扩展宏观审慎政策相关研究的边界，在一定程度上弥补现有研究对宏观审慎政策微观层面影响的缺乏。

本书的研究内容是在吴季和陈明花两位老师的悉心指导下完成的，在此向两位老师表示衷心的感谢。同时，也特别感谢一直以来支持我的家人和朋友们，谢谢大家对我的包容和鼓励。此外，也要感谢重庆工商大学各项目对本书出版的资金支持，以及出版社相关工作人员的支持。最后，由于本人的能力和精力有限，书中难免存在不足之处，恳请各位专家、学者和读者不吝批评指正。

康巧灵

2024 年 5 月

目　录

第1章　导　论

1.1　研究背景和研究意义

1.1.1　研究背景

在2008～2009年全球金融危机之前，各国的金融监管部门在实践中主要奉行微观审慎监管框架，即关注的是个体金融机构的稳健性，但金融机构行为的外部性、监管标准本身的顺周期性以及集体失误等问题的存在导致健康的微观主体加总并不能充分保证宏观整体的健康性（周小川，2011），即对个体金融机构风险承担水平的控制不等同于对整个金融系统的系统性风险的控制。而此次全球金融危机的爆发就非常直观地展现了微观审慎监管框架的这种局限性。在此之后，监管部门和学术界在对这次金融危机爆发原因的分析和对金融体系监管的反思过程中逐步推出和完善了"宏观审慎监管"的概念，从而宏观审慎监管的思路、框架和实践开始逐步受到各国理论界与实务界的广泛讨论与高度重视。区别于微观审慎监管，宏观审慎监管主要通过采取审慎工具来维护金融系统的整体稳定性（Borio，2009；IMF，2013a；IMF，2013b；IMF－FSB－BIS，2016）。更加具体地，中国人民银行在2021年底发布的《宏观审慎政策指引（试行）》中指出："宏观审慎政策的目标是防范系统性金融风险，尤其是防止系统性金融风险顺周期积累以及跨机构、跨行业、跨市场和跨境传染，提高金融体系韧性和稳健性，降低金融危机发生的可能性和破坏性，促进金融体系的整体健康与稳定"。

随着2008～2009年国际金融危机之后各国金融监管部门对系统性风险重视程度的提高，近年来各国对宏观审慎监管的探索以及监管框架的搭建也在稳步推进，宏观审慎政策的实践经验也越来越多。根据 Alam 等（2019）基于众多权威信息来源整理的数据，截至2018年底，全球已有96个新兴及发展中国家和36个发达国家至少采用过一次宏观审慎政策。并且在绝大多数年份中，相比于发达经济体，新兴及发展中经济体对宏观审慎政策的采用更加频繁。此外，后者对宏观审慎政策的使用在时间点上也普遍早于发达国家①。特别地，作为一个发展中国家，我国拥有丰富的宏观审慎政策实践经验。基于 Alam 等（2019）提供的数据，在样本期间我国在所有样本国家中对宏观审慎政策的采用次数最多，而且使用过的宏观审慎政策工具也非常丰富。实际上，我国早在20世纪末和21世纪初期就实施过具有宏观审慎性质的政策，例如住房按揭贷款的贷款价值比上限（LTV），并且在2004年就推出了具有代表性的差别存款准备金制度。更重要的是，宏观审慎监管在我国受到了极高的重视。早在2010年10月召开的党的十七届五中全会以及随后12月召开的中央经济工作会议中都提出了要"构建逆周期的金融宏观审慎管理制度框架"；2017年10月，党的十九大报告提出要"健全货币政策和宏观审慎政策的双支柱调控框架"，进一步将宏观审慎政策提高到了与货币政策同等重要的高度。因此，我国为宏观审慎政策的相关研究提供了绝佳的环境，评估我国宏观审慎政策的有效性及其影响也具有很强的现实价值和政策意义。

虽然近年来各国宏观审慎政策的实践逐步增多，但现有评估宏观审慎政策影响的研究还处于探索阶段，对其有效性还未有定论。一方面，从研究对象来看，现有研究主要以发达国家为研究样本，并且多是跨国研究，着眼于中国的研究相对较少。跨国研究不仅面临各国宏观审慎政策可比性较低的问题②，而且基于发达国家的研究结论也未必适用于以我国为代表的发展中国家。另一方面，从研究内容来看③，从间接角度考察宏观审慎政策有效性的文章相对较多，即评估的是宏观审慎政策对一些反映金融系

① 本书的第2章将会对近年来各国宏观审慎政策使用的具体情况进行详细的介绍。

② 例如，同一个宏观审慎政策工具同样幅度的调整在不同国家可能作用的对象或范围并不同、触发政策调整的条件可能也不一致，因此将跨国的宏观审慎政策进行直接比较存在相当的难度，现有跨国研究也并未解决这个问题。

③ 相关研究的具体介绍和分析在本书的第3章文献综述部分。

统稳定性的中间指标（例如，信贷扩张速度、金融机构杠杆率、房价和房贷的增长等）的作用。在这部分研究中，大部分是基于宏观层面数据的考察，也有一些文献采用银行层面数据进行相应的探讨，近期更有少量研究从企业的角度展开。相对而言，从风险控制的角度直接考察宏观审慎政策有效性的文献还较少。而在这类研究中，也较少有文章直接考察宏观审慎政策对其最终目标，即抑制金融体系的系统性风险的有效性，少量相关研究也大多从单个国家的特定宏观审慎政策工具入手。由于衡量系统性风险的方法还不太成熟，更多的文献采用了相对折中的研究思路，即考察宏观审慎政策对个体银行风险承担水平的影响，然而这部分研究也没有得到一致的结论。总之，以我国为研究对象的宏观审慎政策相关文献还相对较少，现有研究多从宏观总量的视角以及银行的角度探讨宏观审慎政策的有效性，并且直接考察宏观审慎政策的风险抑制效应的研究也相对缺乏，也未得出一致的结果。基于以上分析，本书选择从微观视角切入对我国宏观审慎政策的在微观层面的影响和作用机制进行考察。具体来看，本书同时从银行和企业两个新颖的微观视角分别对我国宏观审慎政策的风险抑制有效性以及对企业融资行为的影响进行全面和深入的研究，以对现有文献进行一定的补充和拓展。

1.1.2 研究问题

2008～2009年全球金融危机的爆发引发了各国金融监管部门和学术界对宏观审慎监管的热烈探讨，在我国宏观审慎政策也被提到了与货币政策相当的高度，近年来我国宏观审慎政策的实践也愈加频繁。然而，目前关于宏观审慎政策有效性的研究还处于探索阶段，特别是针对我国宏观审慎政策的研究还比较有限，并且多是从宏观的角度关注某个特定宏观审慎政策工具的影响，缺少基于微观视角的对宏观审慎政策影响的全面考察，同时对宏观审慎政策的作用机制以及其对微观经济主体的溢出效应也缺乏探讨。基于这些背景，本书主要从微观银行和企业的角度对以下问题进行研究：

（1）针对宏观审慎政策的主要作用对象——商业银行，我国宏观审慎政策是否能够有效地抑制银行层面的系统性风险？宏观审慎政策对个体银行的风险承担水平的影响又如何？具有不同作用对象、作用目标以及实施方向的宏观审慎政策工具对银行风险的影响是否存在差异？在不同宏观环境下，特别是货币政策处于不同态势时，宏观审慎政策风险抑制效应的发挥又会受到什么样的影响？针对不同特征的银行宏观审慎政策的作用是否存在异质性？进一步地，宏观审慎政策作用于个体银行风险的潜在机制有哪些？

（2）既然现有研究表明宏观审慎政策对银行的信贷供给会产生显著的影响，那么其对实体经济的微观主体——企业的溢出效应又如何呢？由宏观审慎政策导致的银行对信贷行为的调整很可能传递到微观企业的融资行为上，表现为微观企业的银行融资水平的变化，因此我们首先关注的是宏观审慎政策对企业的银行融资水平的影响。基于企业现有的银行融资水平不同，在受到宏观审慎政策冲击之后，银行针对不同企业的信贷调整强度可能也有所不同，所以宏观审慎政策对企业银行借贷的影响可能是非线性的，这种非线性关系是否真实存在？具体表现形式又是怎么样的呢？继续深入研究，宏观审慎政策对企业的短期和长期银行融资的影响是否存在差异？具有不同作用对象、作用目标以及实施方向的宏观审慎政策工具影响企业银行借贷的有效性是否有不同？宏观审慎政策与企业的银行借贷水平之间的关系又是否受到企业的所有权性质、规模以及所属行业等特征的调节作用？

（3）在考察了宏观审慎政策对企业的银行融资水平的影响之后，我们很自然地想了解宏观审慎政策是否也造成了企业对其他融资形式的调整以应对来自银行信贷的冲击。为了更全面地考察宏观审慎政策对企业融资行为的影响，我们进一步研究了企业的另一种重要的融资渠道——商业信用，是如何受到宏观审慎政策的影响的。具体地，宏观审慎政策对企业的净商业信用、对合作方的商业信用提供以及收到的来自上下游企业的商业信用水平分别有什么样的影响？是否不同类别的宏观审慎政策对企业商业信用的影响存在差异？宏观审慎政策对企业商业信用的影响是否是通过对银行信用的供给冲击造成的？商业信用与银行信用之间到底是替代还是补充关系？哪些企业特征会对宏观审慎政策影响企业商业信用的有效性产生调节作用？除了对商业信用进行数量上的考察，我们还研究了宏观审慎政策对企业商业信用期限结构的影响，即宏观审慎政策是否对企业的短期和长期商业信用的影响存在差异。

1.1.3　研究意义

本书对我国宏观审慎政策在微观银行和企业层面影响的研究同时具有一定的理论和现实意义。

一方面，宏观审慎监管的概念和实践都还比较新，相关理论的构建还不成熟，本书的研究能为宏观审慎政策理论的搭建添火加薪，提供来自实证研究的有益信息和启发。(1) 本书对宏观审慎政策的概念、目标、政策工具和国际实践的梳理有助于厘清现有宏观审慎监管框架，抓住历史沿革和最新发展脉络，有益于宏观审慎政策框架的进一步完善；(2) 本书对宏观审慎政策对系统性风险和个体银行风险抑制影响的考察对我国现行宏观审慎政策的有效性提供了有效的反馈，丰富的异质性分析明确了不同宏观审慎政策工具影响的差异性，可以在今后的理论框架中考虑不同宏观审慎政策工具的异质性，而对宏观审慎政策风险抑制效应作用机制的探讨也有助于在理论构建中纳入不同的作用渠道，丰富理论细节，增强对现实情况的贴合；(3) 宏观审慎政策对微观企业融资行为的影响则一定程度上揭示了宏观审慎政策对实体经济的溢出效应，为宏观审慎政策的微观传导机制和相应影响提供了新的信息，有助于全面把握宏观审慎政策对微观经济主体的各方面影响，拓展相关理论的可能边界。

另一方面，在我国金融活动日益复杂、系统性风险防范形势日趋严峻的背景下，本书对我国宏观审慎政策微观影响的研究也具有很强的现实意义。(1) 对银行风险抑制效应的研究能为我国宏观审慎政策的有效性提供全面的反馈，对现有宏观审慎政策有效性的综合评估为宏观审慎监管框架的进一步完善提供了有益信息，而不同宏观审慎政策工具表现出的影响差异性也有助于监管部门在后续的政策调整中选取更加有效和更具针对性的政策工具；(2) 宏观审慎政策对银行风险潜在影响渠道的探讨也有助于监管部门更好地把握宏观审慎政策的作用机理，在之后的政策实施中能从多个角度分别预测政策的可能效果，并综合判断政策的收益和成本；(3) 宏观审慎政策对企业融资行为的影响研究将宏观审慎政策的研究边界扩展到了实体经济领域，促使政策制定部门在决策制定时纳入各宏观审慎政策对企业部门的影响，避免对实体经济产生意料之外的溢出效应；（4）不同类别的宏观审慎政策工具在银行风险抑制和企业融资行为影响时的有效性存在差异，甚至是相反的影响，因此相关部门在政策工具的选择过程中可以基于本研究提供的信息更好地进行政策工具的组合，以期在保持金融稳定的同时减少对企业的负面影响；（5）不同特征的银行和企业其行为受宏观审慎政策的影响方向和程度不一，这些信息有助于监管部门对宏观审慎政策的具体影响有更全面的掌握，从而在政策制定时进行更加精准的调控。

1.2 研究思路与研究框架

1.2.1 研究思路

本书的主要目标是从微观层面对我国宏观审慎政策的有效性和溢出效应进行研究。在实证研究之前，首先，本书对国际上宏观审慎政策概念和框架的一些发展历程以及实践现实进行了介绍和总结，这些相关概念和事实的清晰有利于后文研究的展开，也对研究的必要性起到了一定的支撑作用。其次，本书对宏观审慎政策在我国的发展以及相关特征进行了总结归纳，说明了研究我国宏观审慎政策问题的合理性和重要性。最后，本书通过详细的文献综述进一步引出了实证研究的具体问题，明确了本研究在文献中的位置和意义，并分别对每一个问题研究的价值和意义进行了分析说明，以推动后续实证研究的展开。

本书的实证研究部分分别从银行和企业两个视角展开探讨。由于宏观审慎政策的主要适用对象为从事金融业务或提供金融服务的机构，因此本书首先从我国商业银行的角度入手探讨宏观审慎政策的有效性。基于宏观审慎政策的最终目标是防范系统性金融风险，我们首先研究了我国宏观审慎政策抑制我国商业银行层面系统性风险的有效性，从直接的角度验证其有效性。然后本书关注了宏观审慎政策对个体银行风险承担水平的影响，从而进一步侧面验证其有效性，并深入探讨了宏观审慎政策作用于微观银行风险水平的潜在渠道。

在完成了银行层面的研究之后，本书的后续两章则从微观企业的视角探讨了宏观审慎政策的影响。逻辑上，宏观审慎政策在宏观层面以及对银行行为的影响最终都会传导到实体经济的微观主体，即企业层面上。首先，基于相关文献发现在宏观层面上宏观审慎政策会影响银行的信贷供给行为，我们关注了这类影响在微观企业层面的反映，即宏观审慎政策对企业的银行借贷水平的影响。不仅从新的角度印证了相关结论，而且也对宏观审慎政策的微观效应有了新的认识，即更深入地挖掘了微观细节，例如不同宏观审慎政策对企业银行借贷的异质性影响。其次，在企业的银行融资渠道受到限制时，企业有可能转向其他融资方式，因此我们进而对企业的另一种重要的融资方式——商业信用的变动进行了考察。这一研究有助于全面评估宏观审慎政策对企业融资行为的影响，同时也从宏观审慎监管的视角提供了银行信贷与商业信用之间相关关系的新证据。最后，我们对全文内容进行了总结。

1.2.2 研究框架

基于以上研究思路，本研究共分为七章。

第1章对本书的研究背景、内容和研究意义进行了介绍，同时对研究思路和框架也进行了详细的说明，最后对本书的主要创新点和不足进行了总结。

第2章首先追溯了宏观审慎监管概念的发展，然后对宏观审慎政策的框架，包括政策目标、系统性风险的定义和特征以及政策工具的识别、类型和国际上的使用情况进行了详细的介绍。另外，这部分还总结了我国宏观审慎政策的特征和实施情况，同时对我国重要宏观审慎政策的出台进行了归纳。

第3章为宏观审慎政策有效性的文献综述。主要综述内容包括：宏观审慎政策对银行风险的影响，包括系统性风险和个体银行风险两个方面；宏观审慎政策对银行信贷行为的影响以及宏观审慎政策对微观企业融资行为的影响。此外，为了研究宏观审慎政策是否会对企业的商业信用融资水平产生溢出效应，我们还对银行信贷与商业信用之间相关关系的研究进行了回顾。

第4章利用我国的商业银行数据研究了我国宏观审慎政策抑制银行层面的系统性风险以及个体银行风险的有效性，并对宏观审慎政策影响个体银行风险的异质性和潜在作用渠道进行了探讨。

第 5 章则从微观企业的角度研究了宏观审慎政策对企业的银行融资产生的影响，我们利用非条件分位数回归关注了它们之间的非线性关系，还探讨了不同类别宏观审慎政策工具影响的异质性，也对一些企业特征的调节效应进行了考察。

第 6 章考察了宏观审慎政策对企业商业信用的溢出效应。主要关注了宏观审慎政策对企业商业信用的提供和使用情况的影响，验证了银行信贷与商业信用之间的替代关系。进一步地，我们基于宏观审慎政策工具的类别和一些企业特征进行了异质性分析，还对宏观审慎政策导致的企业商业信用期限结构的变化进行了研究。

第 7 章为全书的总结，并基于研究结论提出了相关的政策建议，最后展望了未来的研究方向。

本书的研究框架如图 1.1 所示。

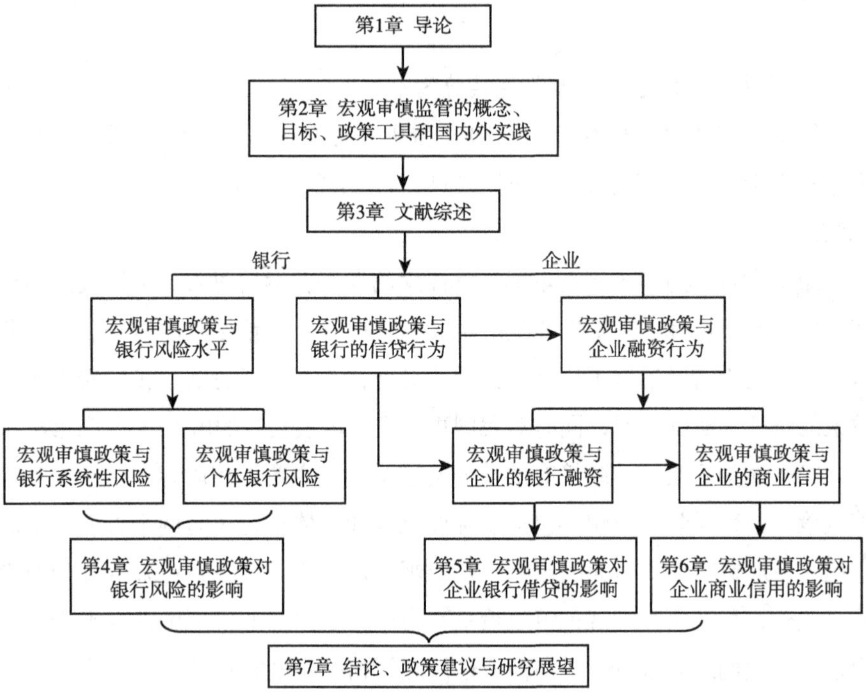

图 1.1　本书的研究框架

1.3 创新点与不足

1.3.1 研究的创新点

本书的创新点主要在以下3个方面：

第一，本书为我国宏观审慎政策风险抑制的有效性以及微观传导机制提供了来自新的视角的证据。现有文献大多利用跨国数据基于宏观层面的数据开展研究，难以避免宏观审慎政策跨国数据可比性较差的问题，并且使用宏观数据时宏观审慎政策变量的内生性问题也更加严重。基于微观数据的研究相对较少，另外关于我国宏观审慎政策的研究大多基于个别宏观审慎政策工具，缺乏从微观层面对我国宏观审慎政策有效性的全面考察。本书则着眼我国宏观审慎政策的影响，并全部基于微观层面的数据开展研究，分别从个体银行和微观企业的层面考察宏观审慎政策对银行风险和企业融资行为的影响，同时从金融机构和实体经济微观主体切入的研究角度比较特别，能够较全面地审视宏观审慎监管的微观传导机制，对相关文献有一定的补充作用。

第二，本书更加全面和深入地研究了宏观审慎政策对我国银行风险承担水平的影响。在第4章的研究中，我们采用了多数据来源的观测值总量超过大多国内研究的我国商业银行数据，并同时关注了宏观审慎政策对银行层面的系统性风险以及个体银行风险承担水平的影响，能更充分地揭示宏观审慎政策对银行风险承担行为的影响，而现有研究大多仅关注其中的一项。此外，与多数仅关注个别宏观审慎政策工具的国内研究不同，我们采用了更加权威和综合的宏观审慎政策数据，不仅关注了宏观审慎政策的综合影响，还对其进行了详细的分类研究，对不同宏观审慎政策工具类别影响的异质性有了更加深入的了解。另外，本书还比较全面和深入地讨论了宏观审慎政策影响银行风险的潜在作用渠道，弥补了现有研究对传导机制关注的不足。

第三，本书拓展了宏观审慎政策对微观企业融资行为的影响研究。现有文献大多从宏观以及银行的角度考察宏观审慎政策对信贷的影响，即关注宏观审慎政策对宏观信贷水平或是银行信贷发放的影响，从微观企业融资行为切入的研究角度比较新颖。具体来看，在研究对象方面，我们同时关注了企业的两种重要融资渠道——银行借贷以及商业信用融资水平如何随着宏观审慎政策的实施而变化。关于宏观审慎政策影响企业的银行信贷水平的研究能从微观企业的角度印证宏观信贷水平和银行信贷供给的变化，并且展示出宏观审慎政策对信贷的影响在企业层面的传导。特别地，对企业商业信用受宏观审慎政策影响的考察，在宏观审慎政策以及企业商业信用的相关文献中尚属首次，相关研究结果也能对企业商业信用与银行信贷之间关系的相关文献形成补充，提供基于宏观审慎政策冲击的新证据。总之，从微观企业的视角考察宏观审慎政策影响的研究在国内外都比较缺乏，本书的研究不仅能丰富相关文献，而且能够跟宏观审慎政策对宏观变量以及银行信贷行为等影响的研究结合起来，有助于揭示宏观审慎政策从宏观到微观、从银行到企业的传导途径，也有益于后续研究宏观审慎政策对实体经济的潜在溢出效应。

1.3.2 研究的不足

首先，由于数据可得性以及数据质量问题，本书对商业银行风险的研究部分无法包含我国的全部商业银行样本，特别是对中小银行的覆盖可能比较欠缺。同时，这一问题也反映在银行系统性风险的计算过程中，由于需要银行的市场交易数据，在这部分仅采用了上市时间跨度较长的商业银行样本，使得观测值较少。不过，由于规模较小、业务范围也相对较窄，中小银行对银行系统的系统性风险贡献可能也较小，并且宏观审慎政策对规模较大、关联度更广的系统重要性银行的关注度天然更高，因此本书的研究结论也能作为宏观审慎政策风险抑制有效性的有力证据。

其次，本书对我国宏观审慎政策的微观效应分析仅关注了银行风险和企业融资两个角度。实际上，宏观审慎政策对银行行为的约束也可能使银行调整其资产和负债结构、影响银行的经营效率以及竞争能力等方面，同时银行的行为变化也可能对其他金融机构，甚至是影子银行的业务造成溢出效应。同样地，在企业层面，宏观审慎政策对企业融资的影响也可能进一步牵动企业投资和产出等行为的变化，对实体经济产生溢出。另外，宏观审慎政策对金融机构和企业行为的影响又可能使家庭部门的消费和投资等行为发生相应的改变。总而言之，关于宏观审慎政策的微观影响，本书只是选取了比较重要和直接的两个方面进行切入，无法对其进行全方位的评估分析，还有很多话题有待后续研究深入挖掘。

最后，与现有相关研究一致，本书构建的宏观审慎政策指数主要反映了各宏观审慎政策工具的实施数量以及各个政策的实施方向，对各宏观审慎政策的实施强度缺乏准确的衡量，这也是现有文献面临的普遍难题。由于各宏观审慎政策工具之间强度不可比，甚至同样的宏观审慎政策工具在同一时间对不同的作用对象要求也可能不一致，还有一些宏观审慎政策并没有提出明确的指标要求，并且一些具体的监管评估数据也缺乏披露，以上种种都导致对各宏观审慎政策的强度进行量化的难度很大。另外，现有宏观审慎政策数据主要基于相关权威研究对政策本质或概念、最终目标等方面的理解上，通过调查问卷或文本分析等方式识别出宏观审慎政策并进行赋值。因而，基于不同处理方式以及原始政策数据来源的宏观审慎政策数据之间必然存在一些差异，不能简单地直接对比，只能尽量采用更加综合的数据，并用其他来源的数据进行结论验证。随着将来分析方法的进步以及监管部门数据的更多披露，相信这些问题最终能够得到解决。

第2章　宏观审慎政策在国内外的实践进展

2.1　宏观审慎政策的相关概念及发展

"宏观审慎"（macroprudential）的概念最早在什么时候出现，现在很难有确切的答案。根据国际清算银行（BIS）的记录，"宏观审慎"一词第一次在国际舞台上的亮相可以追溯到1979年6月28—29日的库克委员会（Cooke Committee，巴塞尔银行监管委员会的前身）会议。在这次关于国际银行贷款期限转换问题的会议报告（BS/79/44）中，有一节标题为"内生于银行国际业务期限转换的宏观审慎风险"，报告写道："除了个体银行的流动性风险，也有可能出现整个国际银行体系的流动性枯竭，而这个风险可能无法从个体银行的角度及其资产负债的期限结构上观测到。这种'宏观审慎风险'部分内生于国际银行市场本身的特质，即最初的资金提供者通过复杂的银行间交易与最终用户相关联"。"宏观审慎"的说法第二次则出现在英格兰银行1979年10月的一份背景文件中。这份文件主要讨论了使用审慎工具来限制银行的借贷行为，同时将个体银行监管和监督中典型的微观审慎方法与宏观审慎方法进行了比较，强调了通常关注个体银行安全和存款人保护的微观审慎政策可能需要与具有更大视野、将银行市场作为一个整体的宏观审慎方法相搭配，以解决在微观审慎层面上可能不太明显的金融市场问题。然而，"宏观审慎"在公开文件中第一次出现似乎要到1986年，在十国集团中央银行以及国际清算银行组成的研究小组关于国际银行近期创新（recent innovations in international banking）的研究报告中（BIS，1986）。在这个报告中，"宏观审慎"被定义为提升整个金融系统以及支付渠道安全与稳固的政策。

即使宏观审慎一词很早就已经出现了，但在接下来的年份里这个概念仅在国际清算银行（BIS）的一些文件里出现，并未引起广泛的关注和重视。直到 1997 年的亚洲金融危机，“宏观审慎”开始被中央银行之外的机构使用（Clement，2010）。例如，在 1998 年 1 月国际货币基金组织（IMF）关于构建一个稳健的金融系统框架的报告中，宏观审慎分析被认为是基于市场和宏观经济信息，专注于重要资产市场的发展、其他金融中介、宏观经济发展以及潜在的不平衡。进一步地，Crockett（2000）比较了微观审慎和宏观审慎监管，并且认为达成金融稳定需要加强宏观审慎的视角。此外，其还提出了宏观审慎监管的两个重要特征：第一，将金融系统视为一个整体，目标是限制金融危机对宏观经济产出造成的负面冲击；第二，认识到金融系统层面的风险取决于金融机构的集体行为，即为内生的。相反地，微观审慎监管的目标是抑制单个金融机构的风险，保护存款人和投资者的利益，并将金融体系的总体风险视为外生的，即独立于金融机构的集体行为。这就假设了单个机构的理性行为不会在总体上造成非理性的结果，忽视了外部性的存在。另外，宏观审慎监管被认为有两个维度：第一，时间维度（time dimension），即关注金融体系系统性风险的顺周期性；第二，截面维度（cross - sectional dimension），关注在某一时间点上风险在金融系统里的分布情况。Crockett（2000）提出的宏观审慎定义比之前的都要更加准确和狭义，他还认为宏观审慎和微观审慎之间的区别主要在于其目标和影响经济后果的机制概念，而跟使用的工具关系不大。随后，Borio 等（2001）则将这个概念和宏观审慎与微观审慎的区分应用到了对金融系统顺周期性和金融稳定的分析中。后续也有不少研究尝试在 Crockett（2000）的基础上完善宏观审慎监管的相关概念。其中比较有代表性的是 Borio（2003），其通过将宏观审慎监管与微观审慎监管进行对比的方式对宏观审慎监管进行了定义，如表 2.1 所示。具体来看，首先，宏观审慎监管的目标是降低由金融系统风险带来的宏观经济产出损失，而微观审慎的目标是降低个体金融机构的风险，保护储户和投资者的利益，而不考虑对实体经济的影响。其次，宏观审慎监管是自上而下（top - down）的，盯住金融系统层面的风险，然后根据个体金融机构对系统风险的边际贡献进行政策调整；相反地，微观审慎监管是自下而上（bottom - up）的，盯住个体金融机构的风险，而不考虑它们之间的关联性。此外，宏观审慎监管认为系统性风险部分内生于金融系统，受金融机构集体行为的影响；而微观审慎监管视风险为外生，认为个体金融机构的行为不会对金融系统整体的风险承担产生影响。最后，文章还讨论了系统性风险的衡量以及宏观审慎监管应当如何应对时间和截面维度的系统性风险。

表 2.1　　　　宏观审慎监管与微观审慎监管的区别

	宏观审慎监管	微观审慎监管
直接目标	防范金融系统层面的风险	防范单个金融机构的风险
最终目标	避免造成宏观经济损失	保护储户/投资者权益
风险模型	（部分）内生	外生
金融机构间的相关性和共同风险暴露	重要	无关
审慎调控的校准	盯住系统层面的风险；自上而下（top－down）	盯住个体金融机构的风险；自下而上（bottom－up）

资料来源：Borio（2003）。

随着 2008～2009 年国际金融危机的爆发，宏观审慎监管再度引发强烈关注。此后的相关文献主要遵循如下定义：宏观审慎监管主要采用审慎工具用以防范系统性风险（FSB－IMF－BIS，2011；IMF 2013a；IMF 2013b；IMF 2014a；IMF 2014b；IMF－FSB－BIS，2016）。更加具体地，中国人民银行发布的《宏观审慎政策指引（试行）》指出："宏观审慎政策的目标是防范系统性金融风险，尤其是防止系统性金融风险顺周期积累以及跨机构、跨行业、跨市场和跨境传染，提高金融体系韧性和稳健性，降低金融危机发生的可能性和破坏性，促进金融体系的整体健康与稳定。"这里的系统性风险（systemic risk）是指使部分或者整个金融系统丧失提供金融中介服务能力，并且会对实体经济造成负面影响的金融系统风险（IMF－BIS－FSB，2009）。进一步地，宏观审慎政策主要追求以下 3 个中间目标：（1）增强金融系统抵御负向冲击的能力，通过建立和释放缓冲来帮助金融系统保持有效运行；（2）抑制系统性风险在时间维度的累积，通过降低资产价格和信贷增长之间的顺周期反馈、降低杠杆率等方式；（3）控制由于金融机构之间过度关联、存在共同风险暴露以及"大而不能倒"等造成的金融系统内部的结构性脆弱（FSB，2009；CGFS，2010；IMF，2013）。

当采取宏观审慎监管来抑制系统性风险的发生和维护整个金融体系的稳健成为越来越多政策制定者和学者的共识，相关理论研究也在逐步发展中，但现有相关的理论研究还仅限于探讨实施宏观审慎监管背后的逻辑以及相关制度安排和监管框架构建等方面（Hanson et al.，2011；Arnold et al.，2012；IMF－FSB－BIS，2016；李妍，2009；巴曙松等，2010；苗永旺和王亮亮，2010；周小川，2011；陈雨露和马勇，2012；张健华和贾彦东，2012；等等），对宏观审慎政策的作用机制、对各经济体的影响以及与其他政策之间的互动等方面还相对地缺乏探索。

2.2 宏观审慎政策工具及其使用情况

2.2.1 宏观审慎政策工具介绍

宏观审慎政策的实施旨在实现宏观审慎监管的最终目标——抑制金融体系的系统性风险，因此宏观审慎政策工具也是为防范金融体系的整体风险而设计的。针对系统性风险的特征，宏观审慎政策工具具有“宏观、逆周期、防传染”的基本属性，这也是宏观审慎政策工具区别于微观审慎监管的重要特征。并且，宏观审慎政策工具往往还具有“时变”特征，即根据系统性风险情况进行动态调整①。现在使用的宏观审慎监管工具部分是从货币政策工具以及微观审慎监管工具转化而来的，只要其能够为宏观审慎的目标服务，就能归为宏观审慎监管工具。但是值得注意的是，宏观审慎政策工具的视角、针对的问题和采取的调控方式都已不同，跟货币政策工具和微观审慎监管工具不能相互替代。从时间维度来看，宏观审慎政策需要在系统性风险的累积过程中建立缓冲，用以在危机时期释放，从而在一定程度上平滑金融系统的顺周期波动，增强金融机构应对冲击的韧性（CGFS，2012；ESRB，2014；IMF，2014a）。从截面维度来看，宏观审慎

① 中国人民银行《宏观审慎政策指引（试行）》。

政策需要解决系统重要性金融机构的外部性，增强它们应对冲击的能力、降低金融系统中的内部关联和系统性风险传染等（Borio，2010；FSB - IMF - BIS，2011；FSB，2011；IMF，2013）。因此，针对不同类型的系统性风险，宏观审慎政策工具也大体可以分为时间维度上的工具以及截面或结构维度上的工具。具体地，根据 IMF - FSB - BIS（2016），时间维度上的宏观审慎工具又可以分为 3 类：（1）基于资本的工具（capital - based tools），包括逆周期资本缓冲、动态拨备要求、随时间变化的杠杆率限制等。这些工具旨在提高金融机构在面对负面冲击时的抵御能力，使它们在逆境中保持信贷供给的功能，同时也在繁荣时期抑制过度的信贷增长；（2）资产方的工具（asset - side - tools），主要包括一些限制贷款的工具，比如贷款价值比（LTV）、负债收入比（DSTI）、信贷增长限制以及外币借贷限制等。这些工具有的抑制借款人的需求，有的控制金融机构信贷的供给，从而达到调节信贷总量或特定领域（例如，房地产行业）信贷增长的目的；（3）流动性相关的工具（liquidity - related tools），旨在缓解金融系统的流动性和融资风险，主要工具包括流动资产比例、净稳定融资比例、贷存比以及核心融资比例等。此外，应对截面维度上的系统性风险传染，相关宏观审慎工具主要关注系统重要性金融机构（包括全球和国家系统重要性银行以及保险机构），即它们的倒闭会对整个金融系统造成系统性风险。这类宏观审慎工具包括对这些系统重要性金融机构的资本附加要求、额外的损失吸收要求以及更高的风险暴露限制和风险权重设置等。中国人民银行对宏观审慎政策工具的划分与 IMF - FSB - BIS（2016）类似但更加细致具体和本土化，在中国人民银行发布的《宏观审慎政策指引（试行）》中，宏观审慎政策在时间维度上的工具被分为：资本管理工具、流动性管理工具、资产负债工具、金融市场交易行为工具以及跨境资本流动管理工具。结构维度上的宏观审慎政策工具则包括：特定机构附加监管规定、金融基础设施管理工具、跨市场金融产品管理工具以及风险处置等阻断风险传染的管理工具。

为了更加全面地了解现有的宏观审慎监管工具及其使用情况，我们根据 Alam 等（2019）提供的宏观审慎政策数据库（iMaPP）进行后续介绍。Alam 等（2019）提供的宏观审慎政策数据主要融合了五个现有的主要宏观审慎数据库［Lim et al.，2011；Lim et al.，2013；Shim et al.，2013；2013 年国际货币基金组织（IMF）全球宏观审慎政策工具调查（GMPI）以及欧洲系统性风险委员会（ESRB）的数据］，并整合了国际货币基金组织（IMF）新的年度宏观审慎政策调查、各国金融体系监管部门的官方通告以及来自国际清算银行（BIS）、金融稳定委员会（FSB）和国际货币基金组织（IMF）的相关信息。相较于其他数据库，Alam 等（2019）提供的宏观审慎政策数据覆盖的国家范围广，数据频率高、持续时间长，包含的宏观审慎政策工具种类也很全面。此外，其数据来源广泛且权威，还能够根据 IMF 的年度宏观审慎政策调查进行后续更新。具体来看，iMaPP 数据库提供了 134 个国家从 1990 年 1 月到 2018 年 12 月的月度宏观审慎政策数据，并且包含了 17 个大类的宏观审慎监管工具（详情如表 2.2 所示）。我们可以看到现有的宏观审慎监管工具已经比较丰富，不同的工具从不同的角度对金融机构的行为进行了限制，最终都是服务于宏观审慎监管目标。例如，逆周期资本缓冲工具致力于应对时间维度上的系统性风险，其要求银行在经济上行期间提高资本缓冲以降低风险累积，而在经济下行期间降低资本缓冲从而使银行在面对负向冲击时的信贷供给功能得到保障，降低银行信贷的顺周期性，缓解对实体经济的负面影响。对系统重要性金融机构的附加资本和流动性要求则是基于截面维度上的系统性风险监管措施，能够一定程度上增强系统重要性金融机构的风险抵御能力，从而抑制风险在金融系统的传播。此外，很容易发现部分宏观审慎政策工具与其他宏观调控政策重合，也服务于其他监管目标（例如，货币政策和微观审慎监管），但在这里它们被改造成具有宏观审慎性质，服务于宏观审慎监管。比如，资本充足率要求本来是一个微观审慎监管工具，提高银行的资本充足率是为了降低个体银行的风险承担水平，而逆周期的资本缓冲以及系统重要性银行的资本附加要求则使资本充足监管具有了宏观审慎的性质，用以抑制金融系统的整体风险。类似地，准备金要求本是一个常见的货币政策工具，各国中央银行根据经济情况对最低法定存款准备金率进行调节，从而影响货币供给和金融市场的流动性。同时，准备金要求也能作为一个宏观审慎工具，当准备金要求对不同的银行具有异质性或者随着系统性风险的变化而调节时，它就具备了宏观审慎的性质。

表 2.2　　宏观审慎政策工具

中文名称	英文名称	含义
逆周期资本缓冲	Countercyclical Capital Buffers (CCB)	要求银行持有逆周期的资本缓冲。
资本留存缓冲	Conservation	要求银行持有资本留存缓冲，包括巴塞尔Ⅲ里的相关要求。
其它资本要求	Capital Requirements	对银行的其他资本要求，包括风险权重、系统性风险缓冲以及最低资本充足率要求。
杠杆率限制	Leverage Limits (LVR)	对银行杠杆率的限制，即银行资本与非风险加权资产的比例。
贷款损失准备	Loan Loss Provisions (LLP)	基于宏观审慎目的的贷款损失准备，包括动态拨备和特定行业拨备（例如，房地产贷款）。
信贷增长限制	Limits on Credit Growth (LCG)	对银行总贷款、家庭部门贷款和公司部门贷款总量以及增长率的限制，对高信贷增长进行惩罚。
贷款限制	Loan Restrictions (LoanR)	包括贷款限制和禁止，基于贷款特征（期限、规模和利率类型等）、银行特征（例如，房地产抵押贷款银行）或者其他因素。
外币贷款限制	Limits on Foreign Currency (LFC)	对外币借贷的限制，以及对外币贷款的规则和指导。
贷款价值比上限	Limits on the Loan - to - Value Ratio (LTV)	限制贷款与抵押品价值的比例，大部分针对住房贷款，也包括针对汽车贷款和商业地产贷款。
贷款收入比上限	Limits on the Debt - Service - to - Income Ratio (DSTI)	限制负债规模与收入的比例以及贷款与收入的比例，包括针对住房贷款、消费贷款以及商业地产贷款。
税收工具	Tax Measures	针对特定交易、资产、负债的征税，包含印花税和资本所得税。
流动性要求	Liquidity Requirements	用以缓解系统流动性风险以及融资风险的措施，包括最低流动性覆盖比例、流动资产比例、净稳定资金比例、核心资金比例和外部债务限制。
贷存比上限	Limits on the Loan - to - Deposit Ratio (LTD)	限制贷款与存款的比例上限，对高贷存比进行惩罚。
外汇头寸限制	Limits on Foreign Exchange Positions (LFX)	限制总体或净外汇头寸，限制外汇风险暴露和融资，以及货币错配监管。
准备金要求	Reserve Requirements (RR)	基于宏观审慎目的的准备金要求，同时在子分类中提供了基于外币的准备金要求。

续表

中文名称	英文名称	含义
系统重要性金融机构要求	SIFI	缓解全球和国家层面的系统重要性金融机构带来的风险，包括附加资本和流动性要求。
其他	Other	不属于以上类别的宏观审慎政策工具，例如，压力测试、利润分配限制以及限制金融机构之间的风险暴露等。

资料来源：Alam 等（2019）。

2.2.2　宏观审慎政策在各国的使用情况

根据宏观审慎监管的特征识别出了宏观审慎政策工具之后，如何将宏观审慎政策进行量化呢？现有研究的通行做法是进行虚拟变量式（dummy - type）的赋值①：对每个紧缩的宏观审慎政策赋值为 1，例如限制信贷扩张和房价增长等宏观审慎政策；对每个宽松的宏观审慎政策赋值为 -1，比如放宽银行贷款限制和资本金要求等宏观审慎政策；而当宏观审慎政策为中性或无变化时赋值为 0（Shim et al.，2013；Kuttner and Shim，2016；Cerutti et al.，2017b；Akinci and Olmstead - Rumsey，2018；Richter et al.，2019；Klingelhöfer and Sun，2019；Alam et al.，2019；黄继承等，2020；马勇和姚驰，2021；祁敬宇和刘莹，2021，等）。依照这个规则创建的宏观审慎政策指数关注的是政策实施的性质（工具类别）和方向（收紧、宽松或是无变化），能够从丰富的宏观审慎政策里提取信息。同时，这类宏观审慎政策指数也能很好地刻画各类宏观审慎政策工具的使用情况，有利于评估各类宏观审慎政策工具的有效性。虽然这类指数只是反映了宏观审慎政策变化的方向，缺乏政策实施的强度信息，但这也一定程度上规避了对政策实施强度进行判断时的主观因素。由于政策变化强度信息的缺失，

① 除了这种区分宏观审慎政策实施方向的赋值方法，还有另外一类不区分政策方向的二元赋值方法：只要在当前时点某种宏观审慎政策工具在使用中就对那类工具变量赋值为 1，没有启用或者退出使用时赋值为 0（Lim et al.，2011；Cerutti et al.，2017a）。这类赋值方法仅能反映在某一时点宏观审慎政策工具种类的采用数量，无法对宏观审慎政策的数量、实施方向以及强度进行衡量，因而使用相对较少。

图 2.3 显示了宏观审慎政策的使用随着时间变化的情况。从图中我们至少可以看出 3 个特征：（1）总体上，宏观审慎政策的使用随着时间呈现出上升的趋势。在 2004 年之前宏观审慎政策的使用情况变化较小，新兴及发展中经济体（EMDE）对宏观审慎政策的使用在 2004 年有一个显著的上升，而宏观审慎政策在发达经济体（AE）中的使用的明显增长始于 2006 年左右；（2）相比于发达经济体（AE），新兴及发展中经济体（EMDE）对宏观审慎政策的使用时间更早、频率也更高。例如，在 1990 年，新兴及发展中经济体（EMDE）的宏观审慎政策指数净值为 12，而发达经济体（AE）为 0。从 2004 年开始，两种经济体对宏观审慎政策的使用差距明显拉大，直到 2013 年差异才开始缩小；（3）在大部分年份，紧缩的宏观审慎政策的实施次数超过了宽松的宏观审慎政策实施次数，因此宏观审慎政策指数净值表现为正。在少数宏观审慎政策指数净值为负的情形里，发达经济体（AE）占据了大多数。比较有代表性的是 2000 年和 2008 年，发达经济体（AE）的宏观审慎政策指数净值分别为 -10 和 -12，说明在 2000 年互联网泡沫破灭以及 2008 年全球金融危机期间，发达经济体（AE）实施了较多的宽松宏观审慎政策以应对负面冲击。

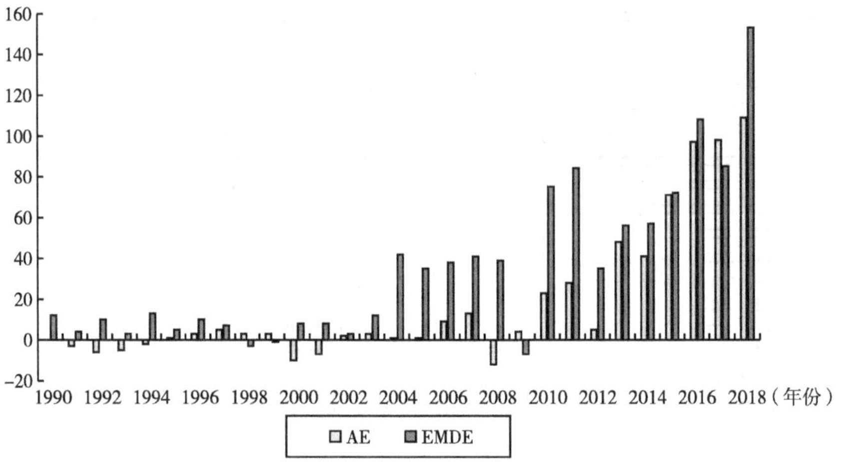

图 2.3　宏观审慎政策在各个年份的使用情况

注：数据来源为 Alam 等（2019）。本图展示了从 1990 ~ 2018 年各年度宏观审慎政策在发达经济体（AE）和新兴及发展中经济体（EMDE）中的使用情况，表中反映的是宏观审慎政策指数的各年度净值，即当年收紧的宏观审慎政策实施次数与宽松的宏观审慎政策实施次数之差。

2.2.3　宏观审慎政策在中国的实践进展①

本书研究的是我国的宏观审慎政策在微观层面上的影响，选择中国为研究目标主要基于以下几点。首先，我们从图 2.4 中可以看到，在 Alam 等（2019）提供的最新宏观审慎政策数据库中，无论按照所有样本国家（地区）排序还是仅在新兴及发展中经济体（EMDE）中排序，在样本期间（1990～2018 年）我国都是使用宏观审慎政策最频繁的国家。具体来看，我国在样本期间被统计到总共实施了 111 次宏观审慎政策，排名第二的印度则总共实施了 88 次宏观审慎政策。跟前面的观察一致，总体上发达经济体（AE）实施宏观审慎政策的频率低于新兴及发展中经济体（EMDE）。根据总样本国家（地区）的排名里仅有两个发达经济体和地区入围了前十，即排名第六的韩国（样本期间总共实施了 71 次宏观审慎政策）和排名第八的中国香港特别行政区（样本期间总共实施了 55 次宏观审慎政策）。因此，从总量上来看，我国拥有丰富的宏观审慎政策实践，在所有样本国家中遥遥领先，为研究的展开提供了充足的数据支持，同时研究我国宏观审慎政策的有效性也对其他国家（地区），特别是其他新兴及发展中国家有一定的借鉴和启示意义。

其次，从时间上来看，我国在宏观审慎政策方面的探索实践起步较早，很早就实施了具有宏观审慎性质的监管政策。例如，为了应对亚洲金融危机的冲击，在 1998 年 3 月中国人民银行将法定存款准备金率从 13% 下调到了 8%，维护了金融体系的稳定。为了维护房地产市场的稳定，1999 年 8 月 1 日，对于购买普通自住房的购房者契税降低了 50%；在 2001 年 4 月，针对住房按揭贷款的贷款价值比上限（LTV）被降低到了 80%；2004 年 9 月 3 日，购房贷款人的贷款收入比上限（DSTI）被设置为 50%。由此看来，我国实施宏观审慎政策的时间跨度也很长，为考察宏观审慎政策的影响提供了较长的研究窗口，有利于准确地评估其作用以及长期影响。

① 附录的表 A1 对我国在 2000～2018 年实施的宏观审慎政策进行了详细的列示。

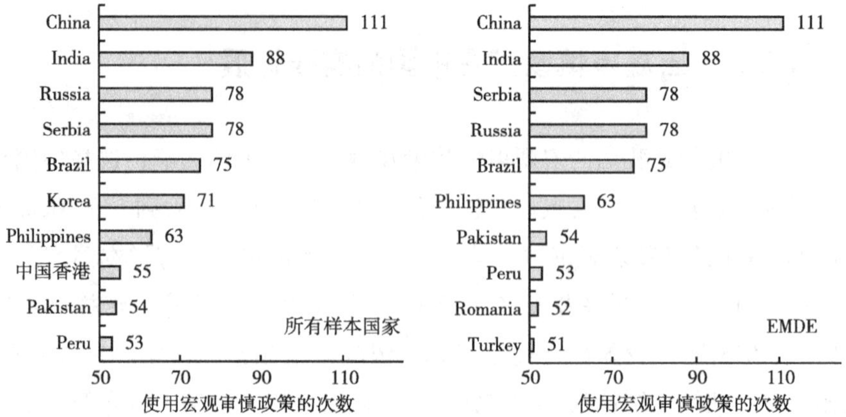

图 2.4 采用宏观审慎政策次数最多的前十个国家（地区）

注：数据来源为 Alam 等（2019）。本图总结了宏观审慎政策在各个国家（地区）的使用次数，左图为 134 个样本国家内使用宏观审慎政策次数最多的十个国家（地区），右图为所有新兴及发展中经济体（EMDE）中使用宏观审慎政策次数最多的十个国家（地区）。图中的数据反映的是样本国家（地区）在样本区间内使用宏观审慎政策的整体次数，即收紧的宏观审慎政策实施次数与宽松的宏观审慎政策实施次数之和。

再次，从宏观审慎政策工具的使用数量来看，我国使用的宏观审慎政策工具类别多达 16 种。图 2.5 详细地展示了样本期间各种宏观审慎政策工具在我国的使用情况。可以发现，我国使用最频繁的宏观审慎政策工具为准备金要求（RR），它不仅能够逆周期地动态调节金融系统的流动性以抑制信贷顺周期性，同时还可以对不同金融机构实行差异化的准备金要求以应对截面维度的系统性风险。使用次数排在第二位的是贷款价值比（LTV），这个工具主要用以应对房地产行业的风险，防止房地产市场泡沫导致的金融系统性风险。另外，贷款限制、税务、流动性和资本相关的监管工具也得到了较多使用。在 Alam 等（2019）划分的 17 种宏观审慎政策工具中，仅有贷存比（LTD）没有在样本期间内得到调整。虽然贷存比（LTD）没有作为宏观审慎政策得到施行，但它在我国的一定时期内作为一种检测指标而存在[①]。总之，宏观审慎政策工具使用的多样性有利于我们

① 从 1995 年 7 月 1 日开始生效，中国商业银行法要求商业银行的贷存比（LTD）不超过 75%，但从 2015 年 10 月 1 日起，修订的商业银行法取消了对贷存比的监管要求，而只是将其作为一个流动性风险管理的监测指标。

较为全面地评估宏观审慎政策的影响，而不是只反映个别宏观审慎政策工具的作用。同时，也让我们有条件根据宏观审慎政策工具的不同特征进行分组考察，比如根据其直接作用对象或中间目标进行分组，对它们的有效性进行对比分析，进一步探讨其背后的作用机制，这不仅能丰富和深化我们的研究，也能为后续的政策制定和调整提供有益的参考。

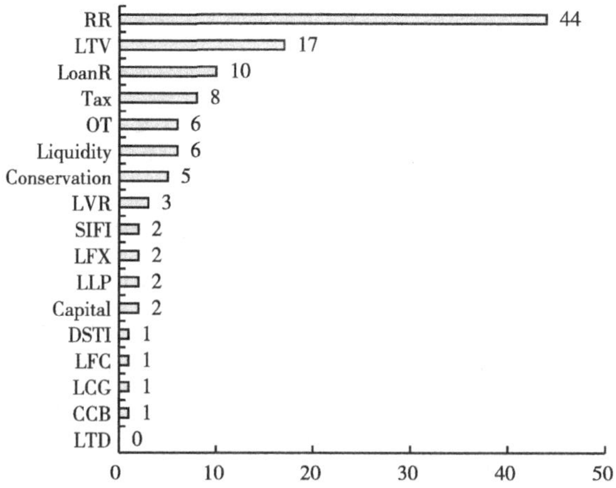

图 2.5　各个宏观审慎政策工具在我国的使用情况

注：数据来源为 Alam 等（2019）。图中显示了 17 种宏观审慎政策工具在样本期间在我国的使用情况。

最后，也是很重要的一点，宏观审慎监管工作在我国受到了高度重视。近些年有关监管机构一直在稳步推进宏观审慎政策框架的搭建，宏观审慎政策相关的重要事件如表 2.3 所示。可以看到，在 2008 年全球金融危机之后，我国宏观审慎配套政策的出台日益频繁。继 2016 年初中国人民银行推出宏观审慎评估体系（MPA）之后，2017 年 7 月国务院金融稳定发展委员会成立，同年 10 月党的十九大报告更是提出要“健全货币政策和宏观审慎政策的双支柱调控框架”，将宏观审慎监管提高到了和货币政策同样的地位。2019 年 2 月，宏观审慎管理局设立，进一步加强了中国人民银行的宏观审慎管理和系统性风险防范职能。由此可见，我国监管部门对金融系统的系统性风险格外重视，宏观审慎政策框架日趋完善。因此，对现有宏观审慎政策的有效性进行研究对监管部门的后续政策制定和调整具有重要的参考价值。

表 2.3　　我国宏观审慎政策重要事件

时间	事件
2004 年 4 月	经国务院批准，中国人民银行开始实施差别存款准备金率制度，即金融机构适用的存款准备金率与其资本充足率、资产质量等指标挂钩。
2010 年 10 月	党的十七届五中全会明确提出要“构建逆周期的金融宏观审慎管理制度框架”。
2011 年 1 月	中国人民银行引入了差别准备金动态调整和合意贷款管理机制，是在原差别准备金基础上的进一步完善和规范，服务于构建宏观审慎政策框架。
2014 年 1 月	中国银行业监督管理委员会发布了《商业银行流动性风险管理办法（试行）》，引入了流动性覆盖率要求。
2016 年 1 月	中国人民银行将差别准备金动态调整和合意贷款管理机制升级为宏观审慎评估体系（MPA），具体包括资本和杠杆、资产负债、流动性、定价、资产质量、跨境业务风险和信贷政策执行 7 大类共 16 项指标。
2016 年 5 月	中国人民银行决定在全国实施全口径跨境融资宏观审慎管理。
2017 年 7 月	第五次全国金融工作会议提出成立国务院金融稳定发展委员会，并将办公室设在中国人民银行，办公室主任由人民银行行长兼任，加强了中国人民银行的宏观审慎管理和系统性风险防范职能。国务院金融稳定发展委员会主要通过办公室会议以及联系人会议执行工作要求，同时协调中央和地方金融监管、风险处理和信息共享等方面的合作机制建立。
2017 年 10 月	党的十九大报告提出，要“健全货币政策和宏观审慎政策的双支柱调控框架”。
2018 年 4 月	将银行业监督管理委员会与保险监督管理委员会进行合并，成立了中国银行保险监督管理委员会。同时，将前银监会和保监会起草银行业和保险业重要法律法规以及审慎监管基本制度的职责划归中国人民银行。
2018 年 7 月	中国银行保险监督管理委员会发布的《商业银行流动性风险管理办法》开始施行，引入了净稳定资金比率。
2019 年 2 月	中央机构编制委员会办公室公布《中国人民银行职能配置、内设机构和人员编制规定》，明确设立宏观审慎管理局。宏观审慎管理局主要负责牵头宏观审慎政策框架和基本制度的建立以及宏观审慎政策的制定和实施，同时对系统重要性金融机构、金融控股公司和外汇市场等进行风险监测和管理。
2020 年 9 月	中国人民银行、中国银行保险监督管理委员会发布《关于建立逆周期资本缓冲机制的通知》，明确了我国逆周期资本缓冲的计提方式、覆盖范围以及评估机制。
2020 年 12 月	中国人民银行、中国银行保险监督管理委员会正式发布了《系统重要性银行评估办法》，主要内容包括：明确评估目的、确定评估方法和明确评估流程。
2020 年 12 月	中国人民银行、中国银行保险监督管理委员会发布《关于建立银行业金融机构房地产贷款集中度管理制度的通知》，明确了房地产贷款集中度管理制度的机构覆盖范围、管理要求和调整机制。

续表

时间	事件
2021 年 10 月	中国人民银行、中国银行保险监督管理委员会发布了我国系统重要性银行名单（基于 2020 年数据），包括 6 家国有商业银行、9 家股份制商业银行和 4 家城市商业银行。
2021 年 10 月	中国人民银行、中国银行保险监督管理委员会制定和发布了《系统重要性银行附加监管规定（试行）》，主要内容包括：明确附加监管指标要求、明确恢复与处置计划要求和审慎监管要求。
2021 年 12 月	中国人民银行发布《宏观审慎政策指引（试行）》，界定了宏观审慎政策相关概念，阐述了宏观审慎政策框架的主要内容。

注：相关信息整理自中国人民银行官方网站（http：//www. pbc. gov. cn）。

第 3 章　文献综述

2008 年全球金融危机[①]之后，宏观审慎监管得到了高度重视，在各国监管部门构建宏观审慎政策框架、加强宏观审慎监管的同时，学术界关于宏观审慎政策有效性的相关研究也日益增多。然而总体来看，宏观审慎政策实践时间较短、相关数据不充足、政策界定较模糊以及系统性风险的衡量方法不成熟等原因导致考察宏观审慎政策有效性的相关研究还处于初步探索阶段。

3.1　宏观审慎政策与银行风险

鉴于宏观审慎政策的最终目标在于通过防范系统性风险的累积以及提高金融机构抵御冲击的能力，从而维护金融系统的整体稳定性（Borio，2009；FSB - IMF - BIS，2011；IMF，2013a；IMF，2013b；IMF，2014a；IMF，2014b；IMF - FSB - BIS，2016），因此在衡量宏观审慎政策有效性的时候，我们首先应该关注的是宏观审慎政策对银行系统性风险以及个体银行风险承担的影响。

3.1.1　宏观审慎政策与银行系统性风险

考察宏观审慎政策有效性的最直接的方式就是研究其对银行系统性风险的影响，但是系统性风险的衡量方法还在逐步完善的过程中（Hansen，

① 在本书中“此次全球金融危机”“近期的全球金融危机”以及“本次全球金融危机”等相关表述均指代 2007 年始于美国次贷危机并于 2008 年扩散至全球的金融危机。

2014；Altunbas et al.，2018；Cantù et al.，2020），因此直接考察宏观审慎政策对系统性风险影响的文献还较少。并且，现有相关研究大多从单个国家的实践经验以及特定的宏观审慎政策工具，主要是宏观审慎的资本充足率要求，这一角度进行切入，考察银行资本充足率的变化对系统性风险的影响。例如，Gauthier等（2012）采用加拿大最大的六家银行的数据研究了宏观审慎资本充足率要求（即要求银行根据自身对系统性风险的贡献而持有相应比例的资本）与系统性风险的关系。文章使用的是一个基于网络的结构模型来刻画系统性风险以及其如何随着银行资本而变化，同时基于五种不同的风险分配机制计算个体银行的系统性风险贡献水平，从而根据其系统性风险贡献调整资本要求。结果表明宏观审慎的资本充足率要求不仅有效地降低了个体银行的违约概率，还降低了发生系统性风险的概率，降低的幅度都在25%左右。利用类似的研究方法，Liao等（2015）使用四家最大的荷兰上市银行数据发现，宏观审慎资本充足率要求与现有的银行资本持有水平存在40%的偏离度，并且与银行规模和银行间的敞口正相关。此外，宏观审慎资本充足率要求会同时降低个体银行的违约风险以及系统性风险，降低程度分别达到17%和26%左右。Zhang等（2020）基于28个系统稳定性指标构建了中国系统性风险变量，并且采用时变的随机波动VAR（TVP－VAR－SV）模型考察中国商业银行的资本充足率要求和货币政策对系统性风险的影响。主要结果如下：宏观审慎政策比货币政策更能有效地抑制系统性风险；影响渠道方面，货币政策主要通过通货膨胀渠道而宏观审慎政策主要通过影响资产价格来影响系统性风险；至于响应速度，货币政策对系统性风险的影响是短期的，而宏观审慎政策的影响仅在长期显著。目前，国内的相关研究还很缺乏。程海星（2018）从金融稳定的视角研究了宏观审慎政策的有效性。具体来看，文章构建了我国金融稳定指数，使用滚动回归VAR方法考察了3类宏观审慎政策工具（逆周期资本监管、流动性监管以及准备金动态调整政策）对金融稳定的影响。结果发现，宏观审慎政策能够有效维护金融稳定，但其作用在不同金融状况时期存在异质性。苏帆等（2019）利用我国69家商业银行的数据以及《商业银行资本管理办法（试行）》在2013年的实施，采用双重差分法（DID）研究了资本充足率的提高对银行个体风险和系统性风险的影响。为了充分利用非上市银行的数据，本书避开了文献中常用的基于上市银行市场交易数据的系统性风险指标，而选用基于银行同业交易数据的网络分析法来构建系统性风险度量指标。研究结果表明，资本充足率的提高降低了银行的风险加权资产比率，但是会引发银行的风险转移行为，最终导致更高的系统性风险暴露和溢出。

此外，近年来也有一些基于跨国银行数据和较为全面的宏观审慎政策工具的相关研究出现。Laeven 等（2016）基于 56 个国家 412 家上市银行的数据研究了影响系统性风险的银行层面的因素。本书采用了两个近期文献中比较常用的衡量银行层面系统性风险的指标：Adrian 和 Brunnermeier（2016）提出的 CoVaR、Brownlees 和 Engle（2017）提出的 SRISK。实证结果发现，系统性风险随着银行规模而增加，但更高的资本充足率会降低系统性风险。在最近的研究中，Meuleman 和 Vennet（2020）使用欧洲上市银行数据以及欧洲中央银行搜集整理的宏观审慎政策数据库（MaPPED）研究了宏观审慎政策抑制银行层面系统性风险的有效性。本书采用 Acharya 等（2017）提出的 MES（Marginal Expected Shortfall）来衡量银行的系统性风险，同时也采用 Adrian 和 Brunnermeier（2016）提出的 CoVaR 做了稳健性检验，这两种方法都是使用频率较高的系统性风险衡量方法。结果发现，宏观审慎政策能同时降低银行个体风险和系统性风险，但是不同的宏观审慎政策工具和针对不同特征银行的效应具有异质性。进一步地，文章发现银行系统性风险的降低主要表现为个体银行风险承担的降低，而不是系统性关联的降低。抑制信贷增长和风险暴露的工具甚至跟银行系统性关联程度正相关，说明银行在受到宏观审慎监管时存在一定的风险转移行为。不同于前面基于银行层面数据的研究，Rizwan 等（2021）基于 68 个国家的数据提供了国家层面的证据。本书利用 Allen 等（2012）提供的方法计算了国家层面的系统性风险，并且使用 beta 回归方法进行实证分析。结果发现，总体上宏观审慎政策降低了系统性风险，但主要归功于作用于借款人和逆周期调整的宏观审慎政策工具，而作用于金融机构和非周期性工具的效果并不显著。分样本的回归结果进一步显示，在低收入和中低收入国家中，宏观审慎政策的实施反而增大了系统性风险。特别地，Nakatani（2020）从银行危机的角度证实了宏观审慎政策抑制系统性风险的有效性。

Nakatani（2020）使用 65 个国家的银行危机数据研究了宏观审慎政策工具之一的贷款价值比（LTV）的变化对银行危机发生概率的影响。研究结果表明，LTV 的收紧能够通过抑制信贷增长来降低银行危机发生的概率。同时，宏观审慎政策在采用浮动汇率制度、无资本管制以及通货膨胀目标制的国家更加有效。区别于国家层面的研究，Stolbov 等（2021）基于全球的视角考察了宏观审慎政策、货币政策与系统性风险和实体经济活动之间的关联。实证结果没有提供全球宏观审慎政策直接降低系统性风险的证据，但宏观审慎政策可以通过对实体经济的逆周期影响而间接缓解系统性风险的累积。此外，作用于借款人的宏观审慎政策比作用于金融机构的宏观审慎政策更加有效。

3.1.2　宏观审慎政策与个体银行的风险承担

虽然宏观审慎政策旨在降低金融体系的系统性风险，但从个体银行风险承担角度开展的研究也能提供一些间接的证据，即个体银行的风险承担行为是如何受宏观审慎政策的影响而变化的。在现有文献中，相比于研究宏观审慎政策对系统性风险的直接影响，关于宏观审慎政策对个体银行风险承担水平影响的研究相对较多，但并未达成一致的结论。一方面，一些文献的结论支持了宏观审慎政策抑制个体银行风险的有效性。Altunbas 等（2018）利用 61 个发达国家和发展中国家的 3177 家银行的数据研究了宏观审慎政策对银行风险的影响，结果表明紧缩的宏观审慎政策能显著降低银行风险，并且规模小的银行、资本充足率低的银行以及批发融资占比较高的银行受到的影响更大。此外，宏观审慎政策的影响存在不对称性，紧缩的宏观审慎政策比宽松的宏观审慎政策更加有效。Cantù 等（2020）则考察了宏观审慎政策在 5 个亚太国家（澳大利亚、印度尼西亚、新西兰、菲律宾和泰国）的有效性，结果发现宏观审慎政策的收紧不仅能有效抑制家庭信贷的过度扩张，也能降低银行的不良贷款比例。进一步的异质性分析表明，规模较大和流动性较高的银行受宏观审慎政策的影响较小，并且紧缩的宏观审慎政策比宽松的宏观审慎政策更加有效。最后，文章还发现货币政策和信贷周期对宏观审慎政策的影响并没有显著的调节作用。此外，如前文所述，Gauthier 等（2012）、Liao 等（2015）、Meuleman 和 Vennet（2020）也分别基于加拿大、荷兰和欧洲银行的数据提供了宏观审慎政策降低个体银行风险的支持性证据。

国内的相关研究近年来也逐渐丰富，并且都支持了宏观审慎政策降低个体银行风险的有效性。邹传伟（2013）发现在《巴塞尔协议Ⅲ》中提出的逆周期资本缓冲能在一定程度上降低银行的破产概率。马勇和姚驰（2017）利用我国 52 家商业银行的数据研究了监管压力与经济周期对宏观审慎政策效果的调节作用，发现宏观审慎政策压力的提升不仅能够提高银行的资本缓冲，也能有效抑制银行顺周期的过度风险承担。此外，对于不同性质的银行以及处于不同商业周期时，逆周期的宏观审慎政策的有效性存在差异。宋科，李振和赵宣凯（2019）基于我国 227 家商业银行数据的研究结果也支持了宏观审慎政策对银行风险的抑制效应，而且宏观审慎政策的有效性在经济下行时期更加显著。另外，机制分析表明宏观审慎政策主要通过提高银行的盈利能力来降低银行风险。邵梦竹（2019）基于跨国银行的研究发现，整体上宏观审慎政策能够降低银行的不良贷款率，但不同宏观审慎政策工具的效应和作用机制存在差异。在更近期的研究中，黄继承等（2020）在研究双支柱调控政策对银行风险承担部分使用了我国 73 家商业银行数据，实证结果表明，宏观审慎政策的收紧确实显著降低了银行的风险承担，并且能在一定程度上抵消宽松的货币政策带来的银行风险承担动机。从理论模型分析和实证分析两个方面，马勇和姚驰（2021）的研究结果都证实了货币政策的风险承担渠道在中国的存在，并且存在与银行资本水平相关的门槛效应。同时，他们还发现宏观审慎政策的收紧对银行的过度风险承担有显著的抑制作用。祁敬宇和刘莹（2021）同样基于“双支柱”调控的视角，使用 244 家商业银行微观数据进行研究，结果发现，宏观审慎政策整体上能抑制货币政策的风险承担渠道，特别在宽松货币政策时期，紧缩的宏观审慎政策降低了银行的风险承担。此外，宏观审慎政策的有效性也取决于不同类型的宏观审慎政策工具、银行性质以及经济周期。最后，“双支柱”调控作用于银行风险的渠道为银行盈利性和盈利的波动性。然而，苏帆等（2019）基于 69 家商业银行的数据发现更高的资本充足率要求在降低银行个体风险的同时，会增加系统性风险。

另一方面，也有部分研究得到了与上述文献相反的证据，即宏观审慎政策不会显著地影响银行的风险承担，甚至可能增加银行的风险行为。Guidara等（2013）基于加拿大最大六家商业银行的研究发现，银行资本缓冲表现为逆周期，然而资本缓冲的调整并没有对银行的风险暴露产生显著的影响。Nier和Kang（2016）的研究则发现一些限制性的宏观审慎政策工具提高了银行的资金成本，可能会促使银行承担更高的风险。Jiménez等（2017）则利用西班牙的动态贷款损失拨备政策作为准自然实验研究了其对企业和银行行为的影响，结果表明严格的动态拨备监管会导致不可预测的银行风险的提高。采用乌拉圭银行贷款层面的数据，Dassatti Camors等（2019）发现法定准备金率的提高限制了银行的资金供给能力，从而使银行增加了对风险企业的暴露。基于我国商业银行数据，宋科和李振（2019）的结果表明宏观审慎政策与银行风险承担的关系取决于银行杠杆率的高低。具体来看，当杠杆率较低时，宏观审慎政策降低了银行风险；随着杠杆率的提高，宏观审慎政策对风险的负向抑制作用逐渐减弱，最后甚至变为正向影响。从逆周期调节的角度，刘澜飚和戴金甫（2019）发现宏观审慎政策的放松虽然提高了银行的贷款增长，但并未显著地影响银行的风险水平。

3.1.3　简要评述

从以上对宏观审慎政策与系统性风险的相关研究的回顾可以看出，这类研究起步较晚，数量也相对较少。一方面，由于宏观审慎政策在此次全球金融危机之后才获得关注，大部分国家的宏观审慎政策也是在危机之后才开始实施，政策实践经验有限，数据期间较短；另一方面，系统性风险的衡量方法还不太成熟，学术界在相关方法的使用上没有达成一致。而对于近年来已经提出的一些系统性风险衡量方法，对数据要求很高，计算上也有难度。首先，现有文献中跨国研究和国别研究并存。然而，由于各宏观审慎政策在各国的具体含义和实施规则存在差异，导致跨国研究面临着宏观审慎政策数据的不可比问题。同时，各国的经济金融状况、治理机制、法律法规以及各种监管框架等环境因素存在巨大差异，可能也会影响对宏观审慎政策效应的准确评估。其次，相关文献有从全球层面入手的、也有基于国家宏观层面和银行微观层面的研究。宏观审慎政策作为一种宏观监管工具，并且直接目标是抑制金融体系的系统性风险，会导致前两类研究具有明显的内生性问题，而采用银行微观层面数据可以一定程度地缓解这个问题。最后，使用微观银行数据的国别研究仅仅关注了个别宏观审慎政策工具，即宏观审慎的资本充足率要求，而缺乏对宏观审慎政策的全面考察。由于各宏观审慎政策工具的中间目标和直接作用对象不同，它们的有效性也很可能存在差异，这在一些文献中已经得到了证实（例如，Meuleman and Vennet，2020；Rizwan et al.，2021）。在这些背景下，加之关于中国研究的缺乏，因此有必要采用我国的银行微观数据和完备的宏观审慎政策数据来全面地探讨我国宏观审慎政策抑制系统性风险的有效性。

由于系统性风险难以准确衡量，很多文献便采用了更加间接的方式，即考察宏观审慎政策对个体银行风险的影响。虽然宏观审慎政策对银行层面风险承担的影响已经得到较多探讨，但其有效性还未得到一致的结论。如上所述，跨国研究和国家层面的研究分别面临着宏观审慎政策数据可比性较差和明显的内生性等问题，而仅从个别宏观审慎政策工具的角度出发的文章无法全面地反映各类宏观审慎政策的影响。此外，国内相关研究包含的银行样本数量偏少，使用的宏观审慎政策数据来源各异，大多缺乏全面性、权威性和实效性。最后，相关文章对宏观审慎政策作用于银行风险的渠道的讨论还较少，缺乏相对全面和成熟的机制分析。因此，采用更新、更权威的宏观审慎政策数据以及更加丰富的商业银行数据研究我国宏观审慎政策对银行风险的影响，并且加强作用机制的探讨，将会对现有文献进行很好的补充，也更有利于充分了解宏观审慎政策在微观银行层面的影响。

3.2　宏观审慎政策与企业的银行借贷

总体来看，有关宏观审慎政策有效性的研究，一部分文献直接研究宏观审慎政策对金融体系系统性风险或者微观银行个体风险的影响，另一部分文献则间接地研究其对一些反映金融系统稳定性的代表性指标的影响，例如，信贷扩张速度、金融机构杠杆率、房贷增长和房价变化等。从现实情况来看，金融系统信贷行为的顺周期是造成此次全球金融危机的主要原因。回顾 2008 ~2009 年席卷全球的国际金融危机，实际上它始于美国金融机构对房地产部门次级贷款的过度发放和后续过度拉长的金融链条，导致信贷刺激与房价增长互相增强。而当货币政策收紧房价开始下跌之后，借款人的违约就在金融体系中引发了多米诺骨牌式的危机传染。因此，金融系统行为的顺周期，特别是信贷的顺周期性，是引发系统性风险的重要因素，也是系统性风险在时间维度上的特征。自然而然，抑制信贷行为的顺周期性也就成为宏观审慎政策的一大目标。理论上，宏观层面总量数据的波动来自微观层面个体行为的加总，宏观政策的传导也是由微观市场主体决策的变化而实现。宏观审慎政策对银行信贷行为的影响会改变微观企业所面临的外部融资环境和市场需求，直接或间接对企业的财务决策产生影响，特别是对企业从银行的借贷水平产生影响。对这种影响关系，尤其是对不同类型企业异质性的影响机制的研究有助于帮助我们理解当前宏观审慎政策传导的微观路径，相关结论同样也有助于在下一阶段对有关政策进行改进和完善，具有较强的现实意义。

3.2.1　宏观审慎政策与银行信贷行为

目前来看，关于宏观审慎政策有效性的研究绝大多数都是从金融系统（宏观）以及金融机构（微观）的角度出发，其对金融体系或银行信贷增长、杠杆率、房价增长等方面影响的研究也是基于这两个视角。我们首先回顾基于宏观层面的研究，即关注国家层面整个金融系统信贷情况的变化。Lim 等（2011）统计了 10 种宏观审慎监管工具在 49 个国家的使用情况，采用事件分析法和广义矩估计（GMM）回归证实了绝大部分工具均能有效抑制多种金融系统风险指标（即信贷增长、流动性、杠杆率和资本流动）的顺周期性，并且不同宏观审慎政策工具的有效性存在差异。Zdzienicka 等（2015）采用美国数据的研究发现，相比于货币政策，宏观审慎政策对银行信贷和房价的负向影响更加快速，但持续时间更短。基于 10 个亚洲国家的数据和Qual VAR方法，Lee等（2016）认为，宏观审慎政策降低了信贷扩张、杠杆率和房价的增长速度。详细来看，信贷相关的宏观审慎政策工具有效降低了信贷扩张和房价的增长，流动性相关工具则缓解了杠杆率和房价的上升。Cerutti等（2017a）基于IMF全球宏观审慎政策工具调查（Global Macroprudential Policy Instruments Survey）整理出了12种宏观审慎政策工具在119个国家的使用数据，实证结果表明宏观审慎工具的使用降低了信贷总量的增长，特别是对家庭信贷和房价增长有显著的抑制作用。此外，金融市场更加发达和开放的国家受影响更小，并且宏观审慎政策在信贷收缩期间的有效性更低。Cerutti等（2017b）使用64个国家审慎政策数据的研究却发现审慎工具与实际信贷增长和房价等指标的相关性在国别和工具维度均存在异质性。针对18个新兴市场国家的研究，Fendoglu（2017）发现在抑制信贷周期方面，作用于借款人的工具比作用于金融机构的工具更加有效。Akinci和Olmstead-Rumsey（2018）利用57个发达国家和发展中国家的数据以及动态面板模型发现宏观审慎政策的收紧跟银行信贷、住房贷款和房价增长的减缓相关。异质性分析表明，盯住型的宏观审慎政策工具（例如，LTV和DSTI）更加有效，特别是在银行融资更加重要的经济体中。Budnik和Kleibl（2018）根据欧洲中央银行和各国中央银行以及监管机构合作的问卷调查创建了新的28个欧盟成员国宏观审慎政策评估数据库（MaPPED），同时文章发现部分宏观审慎政策工具（例如，资本缓冲、借贷标准监管和流动性要求等）可能会对非金融私营部门的信贷产生影响。Alam等（2019）基于新建的跨国宏观审慎政策数据库（iMaPP）的研究也发现宏观审慎政策能降低家庭部门的实际信贷增长，而对房价增长的影响较弱。本书进一步关于贷款价值比（LTV）的数值分析表明，LTV与家庭部门的信贷增长存在边际效应递减的非线性关系。Klingelhöfer和Sun（2019）对中国货币政策报告进行文本分析分离出了宏观审慎政策，并以此创建了我国的宏观审慎政策指数。结果表明，宏观审慎政策能有效抑制信贷增长，但不同工具的作用存在差异。从宏观审慎政策与货币政策相互配合的角度，Revelo等（2020）的跨国研究也证实了紧缩的宏观审慎政策会降低信贷增长，而且此时收紧的货币政策会加强这一效应。De Schryder和Opitz（2021）的结果不仅支持了紧缩的宏观审慎政策能够降低银行信贷和家庭信贷的周期性，而且发现这些效应在信贷周期上升阶段更加有效。

在宏观层面的文献中，有些研究仅着眼于个别宏观审慎政策工具。较早的研究包括 Ahuja 和 Nabar（2011）、Wong 等（2011），分别提供了跨国和基于香港实践经验的证据。前者发现贷款价值比（LTV）和负债收入比（DTI）的收紧都能降低住房市场的信贷增长，而后者发现贷款价值比（LTV）主要通过降低家庭杠杆率来缓解银行体系面对房价冲击的脆弱性。同样专注于贷款价值比（LTV）的影响，Richter 等（2019）的研究不仅考虑了贷款价值比（LTV）上限在数值上的变化，还考虑了其适用的贷款范围。实证结果表明，贷款价值比（LTV）上限的降低对信贷增长和房价的增长有显著的负向影响，同时也降低了实体经济的产出。基于28个欧洲国家的数据，Poghosyan（2020）考察了借贷限制的宏观审慎政策工具（LTV 和 DSTI）对房价和信贷的影响。结果发现，它们能有效地控制房价和信贷，并且这个效应存在一定的滞后，在三年后政策效果达到峰值。此外，相比于紧缩政策，宽松的政策更加有效。最后，政策的有效性跟一些国家和具体的政策特征相关。区别于以上关注住房市场相关宏观审慎政策工具的研究，Ahnert 等（2021）从理论模型和实证分析两方面探讨了外汇市场相关的宏观审慎监管工具对银行和企业借贷的影响。结果发现，这些工具的收紧会导致银行外币借贷的降低，同时企业的外币融资将从银行外币贷款转向外币债务发行。因此，外汇市场的宏观审慎监管缓解了银行面对汇率波动的脆弱性，但可能会增加其他领域的风险。

另外，还有一部分文章从银行微观层面探讨宏观审慎政策带来的信贷变化，这类文献的数量相比于宏观层面的研究相对较少。Claessens 等（2013）基于48个国家2800多家银行的数据发现，宏观审慎政策工具能有效控制银行杠杆、总资产以及非核心负债比率的增长。同样地，具体效应也取决于不同的宏观审慎政策工具、一些国家层面的特征以及经济周期等。Wang 和 Sun（2013）使用171家我国商业银行数据的研究发现，准备金要求和住房相关工具对抑制房价增长有效，而准备金要求以及资本充足率要求则能减缓银行信贷的增长。此外，银行规模和经济发展水平发挥了重要的调节作用。基于英国银行的数据，Aiyar 等（2014）发现宏观审慎的资本要求会降低受监管银行的信贷供给，即使不受本地监管的国外银行分支增加了信贷供给也不能完全抵消资本监管带来的信贷收缩。Jiménez 等（2017）通过银行和企业贷款的配对数据发现，西班牙的动态拨备监管能够平滑银行的信贷供给周期。Bassett 和 Marsh（2017）主要研究了 2006 年在美国实施的关于商业地产的宏观审慎性质的监管指引是否对银行信贷的供给产生了影响。结果发现，这个政策显著抑制了银行商业地产贷款的增长，并且超过监管阈值的银行在降低工商贷款增长的同时提高了家庭贷款的增长。此外，此项政策的出台也对其他种类的贷款产生了各异的影响。Morgan 等（2019）则发现贷款价值比（LTV）能有效控制银行住房按揭贷款的增长，但是这个效应随着银行规模和不良贷款率的增加而减弱。Mirzaei 等（2021）也从银行层面提供了宏观审慎政策降低信贷增长的证据，但是银行的国有属性降低了宏观审慎政策的有效性。从宏观审慎政策工具来看，结果主要由直接作用于借款人的工具主导。

特别地，个别研究同时提供了宏观层面和微观层面的视角。Zhang 和 Zoli（2016）不仅提供了基于 46 个国家的宏观层面的证据，而且还利用 11 个亚洲国家 70 家银行的微观数据做了银行微观层面的考察。分析结果均表明，房地产相关的宏观审慎政策，特别是贷款价值比（LTV）和房地产税能有效降低房价、银行杠杆以及银行信贷扩张。基于 12 个亚太国家的数据，Bruno 等（2017）证实了资本流动管理工具能够有效地控制跨国银行借贷和债券发行的增长。同时，本书也从国家层面和银行微观层面研究了总的宏观审慎政策对银行国内信贷的作用。宏观层面的研究发现宏观审慎政策增加了银行对非金融私营部门的信贷增长，而微观层面的证据却表明宏观审慎政策有效地抑制了银行杠杆率和总资产的增长。关于宏观审慎政策对信贷增长的影响，Andrieş 等（2021）也同时进行了国家层面和银行层面的分析，研究发现宏观审慎政策在短期降低了信贷增长，但是长期来看，反而加强了信贷增长。此外，在国家层面和银行层面的研究中，基于金融机构和借款人的宏观审慎政策工具的相对有效性也存在差异，一些国家层面和银行层面的特征也对宏观审慎政策的影响有调节作用。

国内的研究大多从宏观的视角切入，并且早期的研究主要注重考察个别宏观审慎政策工具对信贷总量和房价的影响。邹传伟（2013）采用动态模型构建和数值模拟方法研究了《巴塞尔协议Ⅲ》中提出的逆周期资本缓冲对银行破产概率和信贷供给的影响，结果表明逆周期资本缓冲要求能够一定程度上降低银行破产概率，同时部分缓解金融机构信贷供给的顺周期性。基于门限向量自回归方法，王志强和李青川（2014）的研究发现，动态差别存款准备金率控制信贷增长的有效性基于一定的条件，例如，超额准备金率的水平、外汇占款增长率的高低以及净投放量的情况。以金砖国家为研究样本，杨昊龙等（2017）采用 Qual VAR 方法发现，流动性和税收类宏观审慎工具针对信贷增长更有效，而信贷类工具对控制房价增长作用更强。并且，宏观审慎政策具有非对称性，即在经济上行周期更加有效。荆中博和方意（2018）探索了宏观审慎政策工具的靶向性和有效性，研究结果证实了贷款价值比和法定准备金率对信贷增速和房价增速的调控作用。何玉洁和赵胜民（2019）主要考察了房地产相关的宏观审慎政策的有效性，结果发现相关政策的收紧有效地降低了信贷增长，而对房价的抑制作用主要体现在中长期。近期一些跨国研究对宏观审慎政策工具的考察相对更加全面，而且从不同的角度切入考察了不同外部环境对宏观审慎政策有效性的影响。樊明太和叶思晖（2020）基于 62 个国家的研究显示，宏观审慎政策控制信贷增速的有效性总体上显著于抑制房价上涨。对宏观审慎政策工具的分类分析发现，作用于借款人的工具在新兴市场国家更加有效，而作用于金融机构的工具在发达国家更加有效。同时，宏观审慎政策在信贷繁荣时期的效力更大。宋科和邵梦竹（2020）的跨国研究分析了不同宏观审慎政策工具在抑制信贷扩张、金融机构杠杆水平和跨境资本流动方面的异质性，并强调了在中央银行作为宏观审慎政策主体时对一些宏观审慎政策工具有效性的显著提升。同样利用跨国数据，张礼卿等（2020）则从不同国家金融部门的异质性角度考察了宏观审慎政策的有效性。总体上，宏观审慎政策的收紧能显著地抑制银行信贷的增长和房价的上升。进一步地，在银行业集中度较低、金融市场竞争较高、金融部门开放程度较低以及银行部门风险较高时，宏观审慎政策的有效性更强。

相对而言，国内基于微观银行层面数据的相关研究比较少，同时大多文献仅关注特定宏观审慎政策工具的影响，缺乏对宏观审慎政策工具的全面覆盖和异质性考察。李楠等（2013）基于我国微观银行数据的研究发现资本充足率的提高在一定时间内会降低银行信贷的增长。梁琪等（2015）对我国97家商业银行数据的研究结果表明，动态差别存款准备金和贷款价值比（LTV）的收紧能有效降低银行的信贷扩张和杠杆率变动的顺周期性。基于逆周期调节视角和124家我国商业银行数据，刘澜飚和戴金甫（2019）发现宏观审慎政策的放松提高了银行的贷款增长。周晔和陈亚杰（2021）利用我国114家商业银行的数据研究了存款准备金率和贷款价值比（LTV）上限两种宏观审慎政策工具对房价增长和信贷扩张的影响，结果证实了这两种工具抑制信贷和房价增长的有效性，它们同时也能降低银行的风险承担水平。

3.2.2 宏观审慎政策与企业的银行融资

上一小节回顾的研究，无论是基于宏观金融体系层面还是微观银行层面，总的来说都是从金融系统或金融机构的视角来探讨宏观审慎政策的影响，我们这一部分主要关注宏观审慎政策对信贷行为的影响。显然，国家层面和银行层面信贷总量的变化也会反映在信贷的需求方，即实体经济微观主体的信贷活动上。具体而言，银行信贷供给的变化会直接对企业的银行融资水平造成影响。因此，观察宏观审慎政策对企业融资行为的影响提供了验证宏观审慎政策有效性的全新角度，并且有利于揭示宏观审慎政策的微观传导机制以及对实体经济的可能影响。

事实上，从微观企业角度研究宏观审慎政策效应的文献近些年才开始萌芽，研究的数量仍然较少。最早发表的相关研究大概是Jime nez等（2017），本书采用银行和企业贷款的配对数据，将西班牙的动态拨备政策实施作为准自然实验考察了其对银行信贷供给和企业表现的影响。实证结果发现，逆周期的银行资本缓冲有效地缓解了银行信贷供给的顺周期性，即银行资本缓冲的提高使企业在经济下行期间能够得到更多的银行贷款，同时也改善了企业在就业率和生存率方面的表现。基于巴西贷款层面的数据，Barroso等（2017）对逆周期准备金要求的研究结果表明，放松准备金要求提高了银行对企业的贷款，而收紧准备金要求降低了银行对企业的贷款，而且放松政策带来的效应力度更大。Ayyagari等（2018）则利用来自

48个国家的大量企业微观数据研究了宏观审慎政策对企业行为的影响，结果表明宏观审慎政策的收紧降低了企业的贷款增长率，同时对企业的投资和销售增长也有负面的影响。此外，这种负向效应对中小企业和成立时间较短的企业更加明显，并且作用于借款人的宏观审慎政策工具发挥了主导作用。Gambacorta和Murcia（2020）采用5个拉丁美洲国家（阿根廷、巴西、哥伦比亚、墨西哥和秘鲁）非公开的银行—企业贷款调查数据，结果发现宏观审慎政策的收紧降低了企业的银行贷款增长率，其实施有效地稳定了信贷周期。并且，相比于增强银行抵御冲击能力的宏观审慎政策工具，致力于平滑信贷周期的工具能更快地发挥效应。最后，货币政策的紧缩加强了宏观审慎政策对信贷增长的影响。同样基于贷款层面的数据，Gómez等（2020）研究了在哥伦比亚动态拨备和逆周期准备金要求的使用对信贷增长的影响。研究结果支持了宏观审慎政策对企业信贷增长的抑制作用，并且发现一些银行和企业特征发挥了调节作用。基于日本的以房产为抵押的商业贷款数据，Ono等（2021）发现贷款价值比（LTV）上限的调整是逆周期的，而且其有效地降低了对高风险和高增长企业的贷款。Favara等（2021）利用美国银行对企业的贷款数据研究了全球系统重要性银行的资本附加对银行和企业的影响。研究结果发现，资本附加的提高降低了银行的信贷供给，同时也提高了其对借款人风险的评估。但是企业通过转移到非监管银行融资抵消了贷款的降低，从而对企业的总贷款和投资没有造成显著的影响。

值得关注的是，国内关于宏观审慎政策对企业行为影响的研究起步更晚，相关研究匮乏的同时现有文章的关注点还比较分散。因此，跟企业的银行融资行为直接相关的文献非常稀少。黄继承等（2020）不仅探究了宏观审慎政策对银行风险承担的影响，还考察了其对企业杠杆率和债务结构的影响。其基于我国上市企业数据的研究部分发现，紧缩的宏观审慎政策降低了企业在宽松货币政策下杠杆率的增长，同时降低了银行贷款在企业带息负债中的比例。同样基于非金融上市公司数据，马勇和陈点点（2020）的研究发现宏观审慎政策的收紧抑制了企业的金融投资增长，而这一效应部分是通过降低企业从银行的借贷水平达成的。跟前面研究均不同，赵艳平等（2021）关注的是外部宏观审慎政策的实施对我国上市公司杠杆率的溢出效应，实证研究结果发现紧缩的外部宏观审慎政策会提高我国上市企业的杠杆率，而扩张性的外部宏观审慎政策的外溢效应不显著。此外，国有企业受到的溢出效应更强。

3.2.3 简要评述

综上所述，关于宏观审慎政策对金融体系或金融机构信贷行为影响的文献，无论是国外研究还是国内研究，以宏观视角进行考察的居多。其中跨国研究，正如上一部分讨论的那样，存在宏观审慎政策跨国数据的不可比、难以完全控制国家间外部环境的异质性以及宏观审慎政策可能的内生性问题，都容易导致对宏观审慎政策的研究结论不准确。相对地，从宏观层面切入的国别研究还较少，专注于中国宏观审慎政策的研究则更加缺乏。不仅如此，大部分针对中国宏观审慎政策的宏观层面研究都仅仅关注个别政策工具，例如，逆周期资本缓冲要求、动态差别准备金以及房地产相关的宏观审慎政策工具等，无法提供更加全面和深度的分析。另外，基于微观银行层面的研究也相对较少。特别是基于中国商业银行的研究，不仅数量偏少，相关研究关注的宏观审慎政策工具类别也十分有限。

然而，除去以上种种考虑，现有关于宏观审慎政策信贷控制有效性的研究，不管是从宏观金融系统层面还是从微观银行层面，均提供了支持性证据，即紧缩的宏观审慎政策能够有效抑制信贷的增长。当银行受宏观审慎政策的影响减少了信贷供给，从微观企业的角度看，整体上企业从银行获得的贷款量也将受到负面影响。简言之，宏观审慎政策带来的宏观层面的总量变化最终也会传导到微观经济实体，反映到微观企业的各方面活动中，最直接的便是对企业从银行的融资水平产生影响。遗憾的是，如前文所述，现有从微观企业的视角考察宏观审慎政策的研究在国内外都还处于起步阶段，研究成果偏少。总体上看，国外的相关研究大多采用非公开的银行—企业—贷款层面的数据，而国内的相关数据难以获取，因而仅有的三篇相关研究均基于非金融上市公司数据。此外，国外研究大多基于个别国家的特定宏观审慎政策工具，对宏观审慎政策的考察不够全面。同时，国内基于企业数据的研究关注点很分散，黄继承等（2020）对企业部分的研究主要关注“双支柱”监管对企业杠杆率和债务结构的影响，马勇和陈点点（2020）关注企业金融化，而赵艳平等（2021）关注的则是外部宏观审慎政策的实施对我国上市公司杠杆率的溢出效应。虽然黄继承等（2020）关于宏观审慎政策对企业杠杆率和债务结构的影响有一定的探讨，但杠杆率里面包含了一些其他融资渠道、企业与上下游交易过程中的非金融性负债以及企业在经营过程中产生的行政相关的债务等，不能真实和准确地衡量企业从银行的贷款水平；而债务结构则反映的是企业各种融资渠道的相对重要性。此外，由于黄继承等（2020）的研究重点放在“双支柱”的共同作用，而且对企业的研究只是文章的一部分，所以没能开展更加全面和深入的探讨。总之，宏观审慎政策对银行信贷行为的影响如何传递到实体经济微观主体，即企业的银行融资如何受到宏观审慎政策的影响，又存在哪些异质性表现，还有待进一步研究。

3.3 宏观审慎政策与企业商业信用

如前所述，基于国家层面和银行层面的研究都证明了宏观审慎政策的收紧会降低银行的信贷供给，而少量基于微观企业数据的研究进一步证实了企业从银行的贷款有所减少。一方面，我国的金融体系以间接融资为主导，其中银行贷款又是最重要的间接融资手段。当企业从银行的贷款受到限制时，企业有没有可能利用其他的融资途径来降低银行信贷收缩的影响，从而维持正常的投资和产出？另一方面，由于企业的融资行为与其投资和经营情况息息相关，在进一步考察宏观审慎政策对企业带来的经济后果之前，我们有必要对其主要的融资渠道行为的变化进行全面细致的研究，以揭示宏观审慎政策可能的微观传导渠道。

基于丰富的文献，我们可以看到商业信用被认为是企业间的一种重要的非正式短期债务融资工具，当企业的外部融资渠道受限时企业会转向商业信用的使用（Meltzer，1960；Petersen and Rajan，1997；Fisman and Love，2003；Choi and Kim，2005；等）。值得注意的是，一些文献还发现企业对商业信用的使用会对企业的投资水平、增长扩张、经营效率和公司价值等产生显著的正面影响。例如，张杰等（2013）的研究表明，商业信用是促进我国民营企业固定资产增长的重要外部融资因素。石晓军和张顺明（2010）、孙浦阳等（2014）以及黄兴孪等（2016）通过对我国企业层面数据的研究发现，商业信用通过缓解企业的融资约束分别提高了企业的规模效率、存货投资和投资增长水平。Fisman 和 Love（2003）以及 Ferrando 和 Mulier（2013）均证实了企业商业信用的使用促进了企业增长。而 Carbó－Valverde 等（2016）的研究结果表明，受信贷约束的中小企业更加依赖商业信用来进行投资。鉴于商业信用使用的广泛性以及其与企业发展的紧密联系，我们认为考察宏观审慎政策对商业信用的影响具有很强的现实和政策意义。如果企业能转向商业信贷来部分地补充银行借贷的降低，那么宏观审慎政策对实体经济的副作用或许会比较有限，宏观审慎政策就能全力关注金融体系的系统性风险；而如果企业无法增加商业信用的使用，银行信贷收缩带来的融资约束的增强或许会进一步影响其投资和生产决策，使得实体经济为宏观审慎政策维护金融体系的稳定付出成本。因此，对企业商业信用使用的研究有助于全面了解宏观审慎政策对企业融资活动的影响，也有利于揭示其对实体经济产生影响的微观渠道。

简言之，关于宏观审慎政策可能影响企业商业信用使用情况的逻辑主要基于商业信用与银行信贷之间的关联，即银行信贷的变化可能会导致企业相应地调整其商业信用的使用。因此，这部分的研究主要跟讨论银行信贷与商业信用之间相关性的文献有关。

3.3.1 银行信贷与商业信用的关系

学术界很早就开始了对银行信贷与商业信用之间关系的讨论，并且基于不同视角的相关研究到现在也热度不减。虽然直接或间接地探讨这个话题的文献众多，但仍未得出一致的结论。现有的文献大多支持银行信贷与商业信用之间存在替代效应。最早的支持性证据来自 Meltzer（1960），文章观察到在美国货币政策紧缩时期，现金持有量高的企业会为受到银行信贷歧视的企业提供商业信用，并且提高了提供的商业信用期限。Schwartz（1974）从理论模型的角度分析了企业提供商业信用的动机，而且认为商业信用可能会降低总量货币控制的效力，但同时也会缓解限制性货币政策带来的信贷歧视。同样基于理论模型，Biais 和 Gollier（1997）认为，商业信用可以减轻由银行和企业之间的信息不对称带来的银行信用配给。在面临货币政策收紧时，小企业会转向商业信用的使用，而现金流更充沛的企业会提供更多的商业信用。而 Petersen 和 Rajan（1997）以及 Danielson 和 Scott（2004）均基于美国企业层面的调查数据为银行信贷与商业信用之间的替代关系提供了早期的实证证据。总体来看，后续相关研究大多从金融危机和货币政策的视角进行分析。例如，Love 等（2007）分别运用东南亚国家和墨西哥公司层面的数据研究了 1997 年亚洲金融危机和 1994 年墨西哥金融危机背景下银行信贷和商业信用之间的关系，研究发现商业信用的使用经历了先升后降的过程。文章认为这与信贷替代理论并不矛盾，因为在金融危机这种极端情况下，信贷的枯竭导致商业信用缺乏供给。此外，Garcia - Appendini 和 Montoriol - Garriga（2013）使用美国配对的供应商—客户数据考察了 2007 ~2008 年全球金融危机期间公司之间的流动性供给情况，结果发现危机前流动性水平较高的企业提高了对其他企业商业信用的供给，同时融资约束程度较高的企业使用了更多的商业信用。Casey 和 O'Toole（2014）则利用欧洲中小企业数据研究了多种银行信用的替代融资渠道，发现在此次金融危机期间信贷受限的中小企业更倾向于申请和使用商业信用以补充流动资金。Levine 等（2018）的跨国研究也发现在银行危机期间，企业会采用更多的商业信用以应对银行融资的冲击，特别对于流动性依赖更强的企业以及在社会信任度更强的国家。Lawrenz 和 Oberndorfer（2018）基于德国公司数据也证实了总体上商业信贷对银行信贷的替代作用，而且在此次金融危机期间相比于中小企业，规模较大企业表现出的替代效应更加明显。从货币政策信贷传导机制的角度切入，Nilsen（2002）发现在货币政策收紧带来银行信贷降低时，企业会增加商业信用渠道的融资。Choi 和 Kim（2005）基于美国企业面板数据的研究也指出，商业信用能够帮助企业缓解紧缩货币政策带来的银行信用收缩。Mateut 等（2006）则构建了一个将货币政策与商业信用联系起来的模型，分析结果表明在货币政策紧缩时期，银行信贷收紧的同时商业信用得到了提高，并使用英国制造业企业数据实证证实了这个结论。Guariglia 和 Mateut（2006）也基于英国制造业企业数据，研究结果发现了货币政策传导的商业信用渠道的存在，并且商业信用渠道对传统的信贷传导渠道有一定的抵消作用。不同于以上研究视角，Gopalakrishnan 等（2021）从巴塞尔Ⅱ监管框架中对风险敏感的资本充足率要求的视角出发，使用跨国企业数据进行考察，研究发现低评级企业为了应对银行信贷的短缺而增加了对商业信用的依赖，同时减少了对股东的分红和资本投资水平。同样地，也有部分研究关注了我国企业的商业信用使用情况，并得到了支持商业信用与银行信用互为替代关系的证据。Ge 和 Qiu（2007）发现在中国遭受银行信贷歧视的私营企业更多地使用商业信用进行融资来支持自身的增长，间接支持了替代假说。Cull 等（2009）、Tang 和 Moro（2020）则分别从我国制造业企业、中小企业的角度提供了支持性证据，并且 Tang 和 Moro（2020）强调的是商业信用与短期银行贷款之间的替代关系。国内研究方面，石晓军和李杰（2009）基于我国上市公司数据发现了短期银行信贷和商业信用之间的替代率约为 17%，并且这个替代关系存在逆经济周期的特征。陆正飞和杨德明（2011）则利用我国上市公司的数据验证了商业信用的替代性融资和买方市场理论，发现两种理论分别在货币政策紧缩时期和宽松时期得到了支持。从市场地位的角度出发，张新民等（2012）发现，企业银行借款和商业信用两种融资方式的替代关系在市场地位高的企业中更加显著。饶品贵和姜国华（2013）则从货币政策信贷传导机制的角度支持了商业信用的替代性融资理论，但这一结果主要由非国有上市企业主导。在货币政策收紧时期，非国有企业受到的银行信贷冲击更大，因此它们更多地利用商业信用作为替代融资渠道。具体来看，它们提高了对供应商的应付账款，而降低了对客户的应收账款，还缩短了应收账款的期限。张杰等（2013）的实证结果说明，民营企业将国有企业在获得更多银行贷款的情况下提供的商业信用作为替代性融资，并且商业信用能够促进民营企业固定资产的增长。进一步地，石晓军等（2010）不仅证实了商业信用与银行信贷的替代关系，还估算出了样本研究期间替代效应大致为 17.2%，并且具有反经济周期的规律。特别地，Chen 等（2019）利用我国取消利率上限、下限管制的自然实验发现，银行信贷供给的增加使得上市企业减少了商业信用的使用，从另一个角度支持了替代假说。

另外，也有一些研究指出商业信用与银行信贷之间是互补关系。这些研究认为，基于长期的交易行为，企业在一定情况下比银行更具有信息优势，特别是对中小企业信息的掌握，因此企业的商业信用使用情况能够一定程度上反映企业的经营信息。而接受到这些信号的银行会将这些信息纳入放贷决策中，从而影响到企业的银行信贷水平。具体来讲，一方面，企业使用更多的商业信用说明企业的经营情况得到了上游企业的背书，企业与供应商的长期关系更加增加了背书的可信性，这种积极信号的释放使企业更容易得到银行贷款（Cook，1999；Giannetti et al.，2011；Agostino and Trivieri，2014；Andrieu et al.，2018；等）；另一方面，企业为下游客户提供的商业信用也能发挥信号传递的作用（Wilson and Summers，2002）。企业应收账款越多可能说明企业的销售情况较好，也具备为客户提供流动性的能力，在未来会有较多的现金流入，并且应收账款也具备一定的抵押作用，因而银行可能会据此提高对企业的贷款水平（江伟和曾业勤，2013）。基于352家俄罗斯企业的调查数据，Cook（1999）发现在金融混乱时期，提供商业信贷的企业实际上有助于银行克服信息不对称问题，所以商业信用使用更多的企业更容易获得银行信贷，支持了互补假设。Ono（2001）对日本制造业企业的研究结果也提供了支持性证据。Love和Zaidi（2010）也提供了间接的支持证据。具体地，文章考察了四个东亚国家中小企业在1998年金融危机前后的商业信用使用情况，发现在危机之后银行贷款受限的企业收到的商业信用减少，而且它们为客户提供的商业信用也相应减少。此外，Giannetti等（2011）、Agostino和Trivieri（2014）分别提供了来自美国和意大利的证据。在比较近期的研究中，Psillaki和Eleftheriou（2015）从此次全球金融危机入手，利用法国中小企业的数据发现，短期银行贷款和商业信用之间的关系为互补而不是替代，并且这种互补关系在金融危机期间更加显著。基于欧洲中小企业的调查数据，Andrieu等（2018）也支持了银行信贷和商业信用之间的互补关系。

最后，还有一小部分文献发现在不同的外部条件下，商业信用与银行信贷之间的关系可以表现为替代或者互补。Burkart和Ellingsen（2004）构建的理论模型表明，当企业的借款能力制约了投资时，商业信用与银行信贷呈现互补的关系；相反地，当企业具有充足的借贷能力时，商业信用就表现为银行信用的替代。Yang（2011）的研究指出，商业信用与银行信贷在货币政策紧缩时为替代关系，而在货币政策宽松时为互补关系。石晓军和张顺明（2010）以及 Huang 等（2011）则发现商业信用与银行信贷之间的关系取决于企业的生产效率。当企业的生产效率高于一定的临界值时，两种融资方式相互替代；否则，它们互相补充，但这种情况较少发生。Lin 和 Chou（2015）将商业信用细分为商业信用的提供和商业信用的需求，结果表明，商业信用的提供与银行贷款显著正相关，而商业信用的需求与银行贷款显著负相关。

3.3.2 简要评述

总体而言，学术界对企业商业信用与传统银行借贷之间的关系还在持续讨论中，相关研究并没有达成一致的结论。此外，早期的研究和后续的大部分文献的研究样本都来自发达国家，来自新兴和发展中国家的证据相对较少。现在看来，虽然基于我国企业数据的相关文献还不算太少，但研究时点多集中在 2009 ~ 2013 年，那时可得的企业样本数量相对较少，样本时间跨度也不算很长。而且近年来，影响银行信贷发放和企业融资行为的内外部环境都经历了一些变化，例如，大数据技术的应用、供应链金融的提出以及“双支柱”监管的推进等，采用更新更全的研究数据或许能有新的发现。进一步地，我国的相关研究大多仅考虑商业信用的一面，即企业应付账款和应收账款中的其中一种，也鲜有文章对商业信用的相关项目做更加细致和深入的分析，比如说针对商业信用的期限分析。最后，我国的相关研究中从宏观政策角度进行切入的文章还较少，现有文献多从货币政策以及金融危机等方面研究宏观层面的变化对企业融资方式的影响，而宏观审慎政策对企业商业信用的影响还是空白。因此，从宏观审慎政策有效性的角度全面深入地研究其对企业商业信用的影响不仅能填补宏观审慎政策对企业商业信用影响的研究缺失，进一步清晰宏观审慎政策的微观传导机制，而且也能从全新的角度为商业信用的相关研究提供有益补充，同时关于商业信用与银行信贷之间的相关关系也能得到新的证据。

第4章　宏观审慎政策对银行风险的影响

4.1　问题的提出

微观审慎监管仅强调个体金融机构的健康性，但健康的微观主体加总并不能充分保证宏观整体的健康性（周小川，2011）。2008～2009年的全球金融危机非常直观地展现了微观审慎监管框架的这种局限性，在此之后，宏观审慎监管的思路和框架开始逐步受到理论界与实务界的重视。区别于微观审慎监管，宏观审慎监管的最终目标在于防范系统性风险的累积，从而维护金融系统的整体稳定性（Borio，2009；FSB－IMF－BIS，2011；IMF，2013a；IMF，2013b；IMF，2014a；IMF，2014b；IMF－FSB－BIS，2016）。截至目前，宏观审慎政策在我国的实施已经有较长的一段时期，特别是我国在此次全球金融危机发生之前就已开始采用一些具有宏观审慎性质的政策，因此我们完全有条件、也是时候对我国宏观审慎政策的有效性做一个全面和深入的研究，对其有效性的考察对于后续的政策调整、制定和实施都有重要的实际意义。从宏观审慎政策的目标出发，我们首先关注到的是宏观审慎政策的实施对系统性风险的影响。我们知道系统性风险分为时间维度和截面维度，而对应地，宏观审慎政策也同时针对时间维度的系统性风险抑制金融系统的顺周期性以及从截面维度降低金融机构间的关联性、提高系统重要性金融机构抵御风险的能力来降低风险的传染性。然而，在受到严格的宏观审慎监管时，金融机构可能存在风险转移和监管套利等行为，因而对宏观审慎政策抑制系统性风险的有效性产生负面影响。因此，宏观审慎政策能否有效地降低系统性风险还有待实证检验。

如前所述，鉴于宏观审慎监管的最终目标是抑制系统性金融风险，所以在探讨宏观审慎政策的有效性时，最直接的方式就是研究宏观审慎政策的实施对金融体系系统性风险的影响。然而，学术界对于系统性风险的衡量方法并未达成一致，相关研究还在逐步完善的过程中（Hansen，2014；Altunbas et al.，2018；Cantù et al.，2020）。从文献综述部分我们也可以看到，直接考察宏观审慎政策对系统性风险影响的研究起步较晚、整体数量较少，对系统性风险的衡量方法也各异。从研究的角度来看，跨国研究中一小部分是基于上市银行的数据，并采用现在使用较广的 CoVaR、MES 和 SRISK 等方法衡量系统性风险（Laeven et al.，2016；Meuleman and Vennet，2020）；而更多的跨国研究是从更宏观的视角入手，比如国家层面（Nakatani，2020；Rizwan et al.，2021），甚至是全球视角（Stolbov et al.，2021）。如前文提到的那样，跨国研究容易遇到宏观审慎政策数据不可比以及国家之间各种外部环境的差异问题，可能会对宏观审慎政策的有效性评估产生一定的干扰。另外，由于一国宏观审慎政策的实施是基于整个金融体系的系统性风险情况，因此在基于国家层面的研究中宏观审慎政策的内生性问题可能更加突出。同样地，相关的国别研究也包括银行层面和国家层面两个视角的文献。但不同的是，现有的国别研究仅仅关注个别宏观审慎政策工具的有效性，比如受到较多关注的是宏观审慎的资本充足率要求（Gauthier et al.，2012；Liao et al.，2015；Zhang et al.，2020；苏帆等，2019）。此外，最重要的是，关于我国宏观审慎政策抑制系统性风险有效性的研究还特别缺乏。目前，从系统性风险角度考察我国宏观审慎政策有效性的文献仅有程海星（2018）、苏帆等（2019）、Zhang 等（2020）三篇。其中，程海星（2018）、Zhang 等（2020）均是宏观层面的研究，只有苏帆等（2019）是基于商业银行的微观数据，但是苏帆等（2019）只关注了资本充足率的影响。最后，从研究的结果来看，相关研究也未得到一致的结论。大部分的研究结果支持了宏观审慎政策抑制系统性风险的有效性（Gauthier et al.，2012；Liao et al.，2015；Laeven et al.，2016；Meuleman and Vennet，2020；Zhang et al.，2020；Nakatani，2020；程海星，2018），但也有研究没有得到直接的支持性证据（Stolbov et al.，2021），甚至有的研究发现在一些情况下系统性风险反而增加了（苏帆等，2019；Rizwan et al.，2021）。基于以上种种原因，我们认为有必要利用我国商业银行的微观数据以及更全面的宏观审慎政策数据考察宏观审慎政策降低系统性风险的有效性，以充分揭示我国宏观审慎政策对其最终目标的实现情况，对现有文献进行有益的补充。

然而，关于衡量系统性风险方法的研究还不太成熟，现有的方法对数据质量要求较高，计算难度也较大，因此更多的文献从个体银行的风险承担水平入手，为宏观审慎监管的有效性提供间接的证据（Altunbas et al.，2018；Cantù et al.，2020；邹传伟，2013；马勇和姚驰，2017；祁敬宇和刘莹，2021；等等）。银行层面的系统性风险变量主要反映的是个体银行对系统性风险的贡献或者个体银行暴露于系统性风险的程度，这不仅与个体银行自身的风险承担有关，也与其在金融系统中的位置以及金融机构之间的关联性和共同行为相关。因而，把研究目标设为个体银行的风险承担虽然不是最优，但也能一定程度上反映出宏观审慎政策的有效性，并且能够规避系统性风险衡量中可能存在的误差。换个角度来看，考察宏观审慎监管政策发生变化时个体银行风险承担行为的调整，也为宏观审慎政策发挥效应的微观渠道提供了一些信息，即宏观审慎政策是如何通过影响个体银行的行为调整而达到抑制系统性金融风险目标的。此外，宏观审慎政策对个体银行风险承担的影响还没有定论。一方面，宏观审慎政策通过对银行各方面行为的约束，可能促使银行经营更加审慎，从而降低风险承担行为；另一方面，宏观审慎政策对银行行为的约束也可能反而使得其为了追寻高收益而寻找监管上的缺口进行更加隐蔽的风险承担活动，进而提高风险水平。

从现有文献来看，相比于系统性风险相关的实证研究，宏观审慎政策对银行层面风险承担的影响已经得到较多探讨，但其有效性也未得到一致的结论。一部分文献得到了宏观审慎政策降低个体银行风险的证据（Altunbas et al.，2018；Cantù et al.，2020；邹传伟，2013；马勇和姚驰，2017；宋科等，2019；苏帆等，2019；邵梦竹，2019；黄继承等，2020；马勇和姚驰，2021；祁敬宇和刘莹，2021），而另一部分研究则发现宏观审慎政策没有显著地影响个体银行风险，甚至增加了银行的风险承担（Guidara et al.，2013；Nier and Kang，2016；Jiménez et al.，2017；Dassatti Camors et al.，2019；宋科和李振，2019；刘澜飚和戴金甫，2019）。同样地，跨国研究和国家层面的研究分别面临着宏观审慎政策数据不可比和内生性等问题。而国内微观银行层面的研究大多包含的银行样本数量偏少，宏观审慎政策数据也存在政策识别不明确、数据来源不一、政策工具涵盖不够全面等问题。另外，关于宏观审慎政策影响个体银行风险承担水平的机制分析还比较缺乏。因此，本章在考察我国宏观审慎政策对银行层面系统性风险影响的同时，也对宏观审慎政策影响个体银行的风险承担进行了全面的研究，从直接和间接两个角度验证宏观审慎政策的有效性。同时，我们也重点关注了宏观审慎政策作用于个体银行风险承担的可能机制，有利于揭示我国宏观审慎政策的微观作用渠道。

4.2 计量模型设计、变量介绍与数据来源

4.2.1 计量模型设计

为了考察我国宏观审慎政策对银行系统性风险以及风险水平的影响，我们将计量模型设定如下：

$$Risk_{it} = c_1 + \beta_1 MaPP_t + \gamma_1 BankChar_{it-1} + \delta_1 Macro_{jt-1} + f_i + \varepsilon_{it} \quad (4.1)$$

模型中，下标 i 表示银行，t 表示年份，j 表示银行注册地所在省份[①]。*Risk* 在不同的分析中分别代表银行层面的系统性风险和个体银行风险承担水平指标，*MaPP* 则是我们的关键解释变量——我国宏观审慎政策指数。首先，在模型中我们也控制了其他一些可能对被解释变量产生影响的银行层面特征 *BankChar* 以及宏观层面变量 *Macro*。并且为了缓解可能存在的内生性问题，在回归中这些控制变量均滞后了一期。其次，为了控制不可观测的不随时间变化的影响因素，我们还在模型中加入了银行固定效应。由于我们的主要解释变量 *MaPP* 为宏观变量，即不随银行变化而只随时间变

① 除货币政策变量之外的其他宏观层面的控制变量，考虑到我国的地区差异，对于区域性银行，我们使用的是相应的银行注册地所在省份数据；对于全国性银行，我们采用的则是全国性数据（李双建和田国强，2020）。具体说明可见后续的变量介绍部分。

化，因此在模型中我们没有控制时间固定效应（饶品贵和姜国华，2013；黄继承等，2020；D'Mello and Toscano，2020；马勇和姚驰，2021；祁敬宇和刘莹，2021；等等）。最后，由于误差项可能在同一个银行的观测值中存在相关性，所以在所有的回归中估计系数的标准差均在银行层面进行聚类。

4.2.2　变量介绍

首先，我们对系统性风险变量进行简单的介绍。参考 Laeven 等（2016）、Meuleman 和 Vennet（2020）等相关文献，本章选用近年来使用较多的两种系统性风险衡量指标：Adrian 和 Brunnermeier（2016）提出的条件在险价值指标 ΔCoVaR（delta Conditional Value - at - Risk）以及 Acharya 等（2017）提出的边际预期损失指标 MES（Marginal Expected Shortfall）。ΔCoVaR 为基于个体银行在危机状态时金融系统的风险水平和其处于正常状态时金融系统的风险水平之差，反映的是个体银行发生风险时对整个金融体系的风险溢出情况，即对金融系统的系统性风险的贡献（contribution to systemic risk）。ΔCoVaR 的值越大，则该银行的系统性风险贡献越大。与 ΔCoVaR 相对，MES 反映的是个体银行对金融体系系统性风险的暴露程度（exposure to systemic risk），即当整个金融系统遭受负面冲击时特定银行的预期市值损失以及需要补充的资本金缺口。同样地，MES 值越大，则该银行的系统性风险暴露越高。这两种系统性风险变量的计算都要依赖于银行的上市交易数据以及相关宏观状态变量数据，我们这里不做过于冗长的介绍，具体可参考 Adrian 和 Brunnermeier（2016）、Acharya 等（2017）两篇文章。ΔCoVaR 和 MES 都充分利用了上市银行的市场交易信息，并分别从两个不同的角度动态地衡量了银行层面的系统性风险。因此，我们在考察宏观审慎政策对银行层面系统性风险的影响时将它们分别作为被解释变量，同时从不同的角度比较和印证研究结果，可以使得我们的结论更加稳健。

其次，参考 Laeven 和 Levine（2009）、Chen 等（2017）、Altunbas 等（2018）、Ely 等（2020）以及祁敬宇和刘莹（2021）等，我们选取 Z - score

作为衡量个体银行风险水平的主要指标。其计算方法为：$Z_{it}=(ROA_{it}+EA_{it})/\delta(ROA_{it})$，其中 ROA_{it} 为银行 i 在第 t 年的总资产回报率，EA_{it} 为银行权益与总资产的比例，而 $\delta(ROA_{it})$ 则为银行 ROA 的标准差，一般使用三年滚动窗口计算。事实上，Z - score 衡量的是银行的破产风险，其数值越大则银行的破产风险越低、经营越稳定，能够比较综合地反映银行的主动和被动风险承担。相比于其他银行风险衡量指标，Z - score 的另一大优势为其三个组成部分也能从三个不同的维度反映银行的风险情况。具体来说，ROA 反映了银行的盈利情况，EA 能够衡量银行的杠杆风险，而 $\delta(ROA_{it})$ 则能反映银行的投资组合风险。因此，对 Z - score 进行分解，分别研究宏观审慎政策对这三个维度风险的影响也能提供一些宏观审慎政策微观作用机制的证据（宋科等，2019；Ely et al.，2020；祁敬宇和刘莹，2021）。另外，由于 Z - score 分布高度有偏，参考文献中的常规操作，我们对（1 + Z - score）取自然对数，并在后续回归和分析中均使用 lnZscore 进行指代。实际上，我们选用 lnZscore 作为主要的银行风险衡量指标还有一个原因，即为了保持样本的代表性，使得样本中银行的覆盖范围较广，这样一来就避免了许多银行面临风险加权资产数据缺失的问题。即使如此，为了保证实证结果的稳健性，我们在后续分析中也参考相关文献对银行的风险加权资产进行了测算，并使用风险加权资产与总资产的比值作为替代性指标进行稳健性检验。此外，我们在稳健性检验中也采用了不良贷款率作为个体银行风险的替代指标。

关于我国宏观审慎政策变量的构造，我们的基准指标 MaPP 的数据来自 Alam 等（2019）①。在本书的第 2 章我们对 Alam 等（2019）提供的 iMaPP 宏观审慎政策数据库进行了详细的介绍，因此这里只做一个简要回顾。总体而言，Alam 等（2019）在融合多个现有数据库的同时，还加入了 IMF 最新的宏观审慎调查数据，另外还直接从各国央行和宏观审慎监管部门搜集信息进行验证和补充，因此其数据来源相对更加广泛和权威。另外，iMaPP 宏观审慎政策数据库严格按照宏观审慎监管的定义（FSB - IMF - BIS，2011；IMF，2013a；IMF，2013b；IMF，2014a；IMF，2014b；IMF - FSB -

① 附录的表 A1 对样本期间我国出台的宏观审慎政策进行了逐一列示。

BIS，2016）对宏观审慎政策进行筛选和整理，最终数据库覆盖了 134 个国家共 17 个大类（27 个小类）的宏观审慎政策工具，并且时间跨度很长——现有数据为1990 年1 月到2018 年12 月的月度数据。因而，与其他宏观审慎政策数据来源相比[①]，iMaPP 的政策识别更加清晰和规范，覆盖的国家数量和宏观审慎政策工具数量都是最多的，并且数据报告的起始年份更早、持续时间更长、数据频率也更高。至于对宏观审慎政策的量化方法，Alam 等（2019）采用现有研究的通行做法对每个宏观审慎政策进行虚拟变量式（dummy - type）的赋值：对紧缩的宏观审慎政策赋值为 1，对宽松的宏观审慎政策赋值为 - 1，而对中性宏观审慎政策或者无政策变化时赋值为 0。在构建基准宏观审慎政策指标时，我们首先将 17 个类别的宏观审慎政策指数相加，得到一个总的宏观审慎政策月度指标。其次，为了与银行的年度数据进行匹配，我们又将月度宏观审慎政策数据进行年内累加得到年度数据。最后，由于难以识别宏观审慎政策发挥约束力的具体时点以及其效应的持续情况，参考相关文献的实践（例如，Zhang and Zoli，2014；Cerutti et al.，2017a；Akinci and Olmstead - Rumsey，2018；Meuleman and Vander Vennet，2020；黄继承等，2020；祁敬宇和刘莹，2021；马勇和姚驰，2021），我们将宏观审慎政策指标从样本起始年份加总至当期，并用 MaPP 指代这个最终的宏观审慎政策指标。同样地，在稳健性检验中，我们也采用了一些其他来源的替代性宏观审慎政策指标进行检验。

为了控制一些银行层面的特征对系统性风险和个体银行风险的潜在影响，我们在回归中加入了一系列银行层面的控制变量（Laeven and Levine，2009；Delis and Kouretas，2011；Laeven et al.，2016；Chen et al.，2017；Altunbas et al.，2018；Meuleman and Vander Vennet，2020；Gehrig and Iannino，2021）。具体而言，我们使用银行总资产的对数（ln*Asset*）来控制银行规模的影响，较大规模的银行可能会基于“大而不能倒”的信念而从事更多的风险活动，但也有可能会为了维持自身较高的特许权价值而经营更加审慎。首先，我们也控制了银行的资本化率，即银行资本占总资产的比例

① iMaPP 数据库与其他现有宏观审慎政策数据来源的对比详情可参考 Alam 等（2019）中附录 I 的表 4。

(CapitalRatio)。这个比例越高说明银行自有资金的投入越大，投资中的道德风险降低，银行对风险承担行为会更加谨慎。其次，回归中还控制了银行的融资和收入结构。银行融资的多样性（DepositRatio）为总存款与总负债的比例，而银行收入的多样性（IncomeDiver）为非利息收入与总营业收入的比例。传统观点一般认为业务越多样化的银行风险越分散，面对负面冲击时会更加稳健，然而也有一些研究发现了相反的证据（例如，Demsetz and Strahan，1997；Stiroh，2004；Stiroh and Rumble，2006）。再次，我们选取流动资产与总资产的比例作为银行的流动性指标（Liquidity）。银行的流动性资产越多则其能更好地应对市场流动性冲击，降低风险；但银行也可能会想要弥补流动性资产的低收益率而在非流动性资产部分承担更高的风险。最后，我们还控制了反映银行扩张程度的资产增长率指标（AssetGrowth）以及银行盈利性指标（ROE）。一般而言，较快的规模扩张可能会反映出银行不够审慎的经营策略，风险可能会增高；而较高的盈利性则说明银行的经营状况较好，风险较低。

除此之外，为了控制其他宏观层面因素的可能影响，参考相关文献(Altunbas et al.，2018；Meuleman and Vander Vennet，2020；祁敬宇和刘莹，2021；马勇和姚驰，2021)，我们在模型中包含了几个重要的宏观控制变量。首先，我们选取 GDP 实际增长率（GDPgr）来控制外部的宏观经济环境。其次，参考陆正飞和杨德明（2011）、钟凯等（2016），我们采用 M2 增长率超出 GDP 增长率和 CPI 增长率的部分（MP）来衡量货币政策的态势。MP 值越大则表示货币政策越宽松；反之，货币政策则趋于收紧。最后，回归中还控制了宏观价格指标，即通货膨胀率（Inflation）。值得注意的是，由于我国各地区经济发展差异较大，为了更准确地控制宏观经济和价格情况，对各区域性银行我们使用的是其总行注册地所在省份的 GDP 实际增长率以及通货膨胀率；而对于全国性经营银行，我们仍然控制相应的全国性指标（李双建和田国强，2020）。

4.2.3 数据来源

本章研究使用的银行财务数据主要来自万德金融数据库（Wind Financial Database）和CSMAR中国银行财务研究数据库，为了使我们的研究样本覆盖范围更广，我们将这两个数据库中的银行数据进行了合并处理。然后，参考文献中的常规处理方式，我们剔除了政策性银行以及观测值少于连续三年的样本。另外，变量缺失严重的样本也予以剔除。为了排除极端值的潜在影响，我们还对银行层面的所有变量进行了1%和99%分位数的缩尾处理。考虑到增长率和标准差性质的变量以及变量滞后一阶导致的观测值减少，最终我们的基准回归中包含了2007～2018[①]年369家银行[②]的非平衡面板数据，共2325个年度观测值。按照银行性质来看，具体包括5家国有控股大型商业银行、12家股份制商业银行、124家城市商业银行、197家农村商业银行以及31家外资银行[③]。

由于银行层面系统性风险的计算需要用到上市银行的市场交易数据以及一些宏观状态变量数据，这部分的数据主要来自彭博数据库（Bloomberg database）。同样地，我们删除了截至2018年连续观测值少于三年的样本，并对相关变量进行了上下1%的缩尾处理。因为系统性风险的计算是基于上市银行数据，再加上变量计算过程中以及变量滞后所导致的观测值损失，基准回归中我们最终涵盖的观测值比较有限，总共包括19家上市银行[④]的178个年度观测值。

最后，模型中的宏观控制变量来自CEIC宏观经济数据库。各变量的具体说明与相关数据来源如表4.1所示。

---

① 样本数据起始于2007年主要基于数据可得性以及对数据质量的考虑。首先，这两个数据库提供的银行财务数据均始于2007年，2007年之前的数据不可得。其次，2006年2月财政部发布了新的会计准则和审计准则体系，并且新的会计准则于2007年1月1日起在上市公司中率先实施。因此，使用2007年及之后年份的数据能更好地保持指标的一致性。最后，2007年之前我国上市银行数量很少，未上市银行的数据报告质量也难以得到保证，而后随着监管制度的不断完善，数据质量也得到逐步提高。

② 由于农村信用社、农村合作银行、村镇银行以及民营银行的观测值较少，并且披露的数据质量较差，因此我们没有将它们包含在样本中。

③ 外资银行同样也受到我国宏观审慎政策的监管。

④ 这19家上市银行分别为：中国工商银行、中国农业银行、中国建设银行、中国银行、交通银行、中国民生银行、中信银行、上海浦东发展银行、中国光大银行、兴业银行、招商银行、北京银行、华夏银行、南京银行、宁波银行、平安银行、徽商银行、重庆银行以及重庆农村商业银行。

表 4.1　　主要变量介绍

变量名称	变量说明	数据来源
ΔCoVaR	参考 Adrian 和 Brunnermeier（2016）计算的银行层面的系统性风险变量，反映的是个体银行对系统性风险的贡献。	Bloomberg；作者计算
MES	参考 Acharya 等（2017）计算的银行层面的系统性风险变量，反映的是个体银行暴露于系统性风险的程度。	Bloomberg；作者计算
lnZscore	个体银行风险指标，$\ln[1+(ROA_{it}+EA_{it})/\delta(ROA_{it})]$。	Wind；CSMAR
MaPP	基于 Alam 等（2019）提供的 iMaPP 宏观审慎政策数据构建的我国宏观审慎政策指标。	Alam 等（2019）
lnAsset	银行规模指标，为银行总资产的自然对数。	Wind；CSMAR
CapitalRatio	银行资本与总资产的比例，反映银行资本充足情况（%）。	Wind；CSMAR
DepositRatio	银行总存款与总负债的比例，反映银行资金来源的多样性（%）。	Wind；CSMAR
IncomeDiver	银行非利息收入与营业总收入之比，反映银行收入的多样性（%）。	Wind；CSMAR
Liquidity	流动性指标，为银行流动性资产与总资产之比（%）。	Wind；CSMAR
AssetGrowth	总资产增长率，衡量银行的扩张速度（%）。	Wind；CSMAR
ROE	净资产回报率，即银行净利润与权益之比，衡量银行的盈利能力（%）。	Wind；CSMAR
MP	货币政策指标，（M2 增长率 - GDP 增长率 - CPI 增长率）（%）。	CEIC
GDPgr	衡量宏观经济状况，各省份或全国 GDP 的实际增长率（%）。	CEIC
Inflation	通货膨胀变量，反映各省份或全国宏观价格信息（%）。	CEIC

4.2.4　描述性统计

接下来的表 4.2 给出了本章研究中主要变量的描述性统计情况。可以看到，我们的两个银行层面的系统性风险指标 ΔCoVaR 和 MES 的均值分别为 1.054 和 2.207。说明平均来看，单个上市银行陷入危机会给整个金融系统带来大约 1.054% 的权益损失；而当整个金融系统遭遇危机时，样本上市银行平均会遭受 2.207% 的市值损失。另外，ΔCoVaR 和 MES 的中位数大小与均值相去不远，表明两个变量的分布较为均匀，但相对较大的标准差则表明不同银行之间的表现差别较大。个体银行风险指标 lnZscore 均值为 4.224，标准差为 0.876，说明样本银行的风险规模分布波动性较大。我国的宏观审慎政策指标 MaPP 均值为 38，表明整体来看紧缩的宏观审慎政策实施次数远远高于宽松的宏观审慎政策实施次数，较大的标准差则表明在样本期间宏观审慎政策的出台比较分散、在各年份间差异明显。此外，我们也能从其他变量的统计数据中看出一些银行业的整体特征，比如银行存款是银行资金的主要来源，平均占比 79.6%；利息收入依然是银行的主要利润来源，非利息收入平均占比仅为 21.68%；在样本期内银行规模扩张较快，平均年度增长率达到 20.84%。

表 4.2　　主要变量的描述性统计

变量	样本量	均值	标准差	最小值	中位数	最大值
ΔCoVaR	178	1.054	0.449	0.0019	0.971	2.280
MES	178	2.207	1.137	0.0038	2.094	5.229
lnZscore	2325	4.224	0.876	2.454	4.133	6.725
MaPP	2325	38	15.74	13	41.50	59
lnAsset	2325	15.67	1.573	12.41	15.43	20.68
CapitalRatio	2325	3.980	4.197	0.467	2.954	30.89
DepositRatio	2325	79.60	13.19	41.94	81.22	98.86
Liquidity	2325	23.04	9.412	9.037	20.81	55.38
IncomeDiver	2325	21.68	19.25	0.262	15.89	86.91
AssetGrowth	2325	20.84	19.44	-19.00	16.80	107.2
ROE	2325	13.29	5.864	-0.0388	13.26	31.60
MP	2325	3.578	5.518	-2.264	2.427	19.72
GDPgr	2325	8.425	2.428	6.600	7.578	15.20
Inflation	2325	2.800	1.612	-0.400	2.743	5.800

4.3　宏观审慎政策与银行风险的基准结果分析与稳健性检验

本部分主要展示基准回归的结果并进行详细分析，后续还做了一系列的稳健性检验以增强实证结果的可信度。由于宏观审慎政策的最终目标是降低系统性风险，因此我们首先关注以两个银行层面的系统性风险变量为被解释变量的基准回归结果。其次，我们再从个体银行风险承担的角度观察宏观审慎政策的有效性。

4.3.1 宏观审慎政策对银行系统性风险的影响

表4.3展示了宏观审慎政策对银行系统性风险影响的实证回归结果。如表4.3所示，我们展示了逐步回归的结果：第（1）—（2）列的回归中仅加入了宏观审慎政策指标；随后在第（3）—（4）列中进一步控制了银行层面的控制变量；最后在第（5）—（6）列的回归中继续加入了宏观层面的控制变量。我们可以看到，宏观审慎政策指标MaPP的估计系数一直都显著为负，说明宏观审慎政策确实有效地降低了银行的系统性风险。从风险抑制效应的大小来看，在最终的基准回归结果中，当被解释变量为ΔCoVaR时，MaPP的系数为-0.055，表明MaPP一个标准差的收紧会导致ΔCoVaR降低0.8657（-0.055×15.74），约其1.9个标准差的变动。而当被解释变量为MES时，MaPP的系数为-0.130，表明MaPP一个标准差的收紧会导致MES降低2.0462（-0.130×15.74），约其1.8个标准差的变化。可见，宏观审慎政策对银行系统性风险的影响不仅具有统计显著性，而且也有很强的经济显著性。我们这里发现的宏观审慎政策效应大小与Meuleman和Vander（2020）基于欧洲上市银行的发现相近。

表4.3　宏观审慎政策与银行系统性风险：基准回归结果

	(1)	(2)	(3)	(4)	(5)	(6)
	ΔCoVaR	MES	ΔCoVaR	MES	ΔCoVaR	MES
MaPP	-0.017*** (0.000)	-0.035*** (0.002)	-0.018*** (0.002)	-0.047*** (0.004)	-0.055*** (0.000)	-0.130*** (0.000)
lnAsset			0.017 (0.882)	0.093 (0.794)	0.114 (0.368)	0.233 (0.550)
CapitalRatio			-0.298*** (0.002)	-0.774*** (0.007)	-0.310*** (0.009)	-0.721** (0.032)

续表

	(1)	(2)	(3)	(4)	(5)	(6)
	ΔCoVaR	MES	ΔCoVaR	MES	ΔCoVaR	MES
DepositRatio			0.006 (0.365)	0.023 (0.256)	0.004 (0.480)	0.023 (0.254)
Liquidity			-0.006 (0.496)	-0.006 (0.810)	0.018** (0.016)	0.046* (0.088)
IncomeDiver			-0.002 (0.719)	-0.011 (0.484)	-0.006 (0.116)	-0.021* (0.074)
AssetGrowth			-0.005** (0.047)	-0.010* (0.067)	-0.001 (0.764)	0.002 (0.738)
ROE			0.005 (0.575)	-0.002 (0.916)	0.004 (0.620)	-0.001 (0.960)
MP					-0.130*** (0.000)	-0.306*** (0.000)
GDPgr					0.092** (0.047)	0.142 (0.194)
Inflation					-0.375*** (0.000)	-0.864*** (0.000)
constant	1.826*** (0.000)	3.798*** (0.000)	1.589 (0.468)	2.296 (0.739)	1.808 (0.476)	4.569 (0.563)
银行 FE	Yes	Yes	Yes	Yes	Yes	Yes
N	210	210	178	178	178	178
within R^2	0.254	0.168	0.184	0.204	0.517	0.492

注：变量估计系数的下方（）内为相应的 p 值；*、**、*** 则分别表示在 10%、5%、1% 的显著性水平下显著。本章的后续表格均相同。

在控制变量中，CapitalRatio 系数显著为负，跟我们之前的分析一致。权益资本比例越高的银行道德风险越低，其经营更加谨慎，因而对系统性风险的贡献和暴露程度都更低。比较出乎意料的是在第（5）—（6）列的回归结果中 Liquidity 的系数显著为正，即银行的流动性资产占比越高则系统性风险贡献和暴露越大。可能的原因是，流动性资产的回报率普遍偏低，为了保持整体资产较高的回报率，银行会将非流动性资产投资于风险较高的高收益项目，因而导致了更高的系统性风险。IncomeDiver 的系数均为负，但仅在 MES 的回归中显著，表明收入的多样性能帮助银行更好地抵御系统性风险的冲击。此外，货币政策变量和通货膨胀指标的系数均显著为负，说明在货币政策宽松和宏观价格上升时期，金融体系比较稳定，银行层面的系统性风险较低。然而，在 ΔCoVaR 的回归结果中，宏观经济的实际增长率系数显著为正。可能是因为在经济上行期间，风险在金融体系中不断累积，某家银行发生危机就极易引发系统性金融风险。

为了检验表 4.3 中实证结果的稳定性，我们做了以下一系列的稳健性检验。值得强调的是，回归中的被解释变量为个体银行层面的系统性风险指标，而宏观审慎政策的制定是基于整个金融体系的系统性风险水平，因此宏观审慎政策变量应该不存在严重的内生性问题。谨慎起见，为了应对潜在的内生性问题，首先，我们将当期的宏观审慎政策排除在外，使用滞后的宏观审慎政策指标进行回归分析。相关结果展示在表 4.4① 的第（1）—（2）列，可以看到主要解释变量的系数仍然都显著为负。其次，我们将 iMaPP 宏观审慎政策数据库中除中国以外的其他新兴及发展中国家的宏观审慎政策指数作为我国宏观审慎政策指数的工具变量。同为新兴和发展中国家，它们的金融体系面临的内外部风险具有相似性，所以宏观审慎政策的实施也具有一定的相关性。而他国宏观审慎政策的实施也不会与我国银行层面的系统性风险直接相关，满足了外生性要求。基于工具变量的两阶段最小二乘法（2SLS）的估计结果展示在表 4.4 的第（3）—（4）列，我们的主要结论依然成立。

此外，由于准备金要求（reserve requirements）同时作为货币政策工具和宏观审慎政策工具，我们很难完全地将具有宏观审慎性质的准备金要求政策清晰地识别出来（Alam et al.，2019）。首先，我们使用去除准备金要求的宏观审慎政策指标 MaPP_nRR 进行稳健性检验，结果如第（5）—（6）列所示，支持了基准回归的主要结果。其次，我们也采用了其他来源的宏观审慎政策数据。第（7）—（8）列展示的是使用 Cerutti 等（2017b）数据

① 为了保持表格的简洁，我们这里省略了控制变量的估计结果。实际上，相关结果与基准回归结果也大体上保持了一致。

表 4.4　　宏观审慎政策与银行系统性风险：稳健性检验

	(1)	(2)	(3)	(4)	(5)	(6)	(7)	(8)	(9)	(10)
	ΔCoVaR	MES	ΔCoVaR	MES	ΔCoVaR	MES	ΔCoVaR	MES	ΔCoVaR	MES
L. MaPP	−0.044 *** (0.000)	−0.114 *** (0.000)								
MaPP			−0.047 *** (0.000)	−0.095 *** (0.000)						
MaPP_nRR					−0.081 *** (0.000)	−0.202 *** (0.000)				
Pru							−0.110 *** (0.008)	−0.272 *** (0.007)		
MPP									−0.047 *** (0.000)	−0.108 *** (0.000)
控制变量	Yes	Yes	Yes	Yes	Yes	Yes	Yes	Yes	Yes	Yes
银行 FE	Yes	Yes	Yes	Yes	Yes	Yes	Yes	Yes	Yes	Yes
N	178	178	178	178	178	178	103	103	123	123
within R^2	0.452	0.466	0.5125	0.4767	0.511	0.508	0.384	0.355	0.528	0.488

的结果，而第（9）—（10）列的结果则是基于 Klingelhöfer 和 Sun（2019）提供的数据，二者均支持了我国宏观审慎政策抑制系统性风险的有效性①。

4.3.2 宏观审慎政策对个体银行风险的影响

本小节从另一个角度关注我国宏观审慎政策的有效性，即对个体银行风险承担水平的影响。表 4.5 展示了逐步回归的结果，第（1）列为只加入宏观审慎政策指数的结果；第（2）列增加了对银行层面影响因素的控制；第（3）列继续控制了宏观层面的变量，为最终的基准回归结果。总体来看，宏观审慎政策变量的系数均显著为正，表明宏观审慎政策的收紧加强了个体银行的稳定性，降低了银行风险。从影响程度来看，MaPP 一个标准差的收紧会导致 lnZscore 平均提高约 0.377（15.74 ×0.024），大概是其 0.43 个标准差的大小。相比而言，本书得到的宏观审慎政策抑制个体银行风险的经济显著性要稍大于 Altunbas 等（2018）基于跨国研究的结果。与系统性风险的回归结果类似，控制变量中 CapitalRatio 的系数显著为正，表明银行的资本比例越高，银行的风险越低。银行的盈利能力 ROE 的系数也显著为正，即盈利能力越强的银行越稳定。而资产增长率 AssetGrowth 的系数显著为负，可能由于银行在快速扩张的过程中放松了对风险的审核和监控，从而导致了更高的风险水平。最后，我们发现 GDP 的实际增长率越高，银行的个体风险越低，说明宏观经济的增长也会一定程度上促进个体银行保持稳定。

表 4.5 宏观审慎政策与个体银行风险：基准回归结果

	(1)	(2)	(3)
	lnZscore	lnZscore	lnZscore
MaPP	0.024*** (0.000)	0.025*** (0.000)	0.024*** (0.000)

① Cerutti 等（2017b）整理的审慎政策数据仅覆盖 64 个国家的 9 个审慎工具，而且样本期间仅覆盖 2000～2014 年。Klingelhöfer 和 Sun（2019）是基于文本分析方法从中国人民银行货币政策报告中识别出的宏观审慎政策，并将宏观审慎政策分为四大类。这个数据的覆盖时间段也较短，为 2000～2015 年。基于这个原因，在使用这两个宏观审慎政策数据来源时，回归的观测值明显降低。

续表

	(1)	(2)	(3)
	lnZscore	lnZscore	lnZscore
lnAsset		0.071 (0.472)	0.115 (0.253)
CapitalRatio		0.026* (0.078)	0.024* (0.094)
DepositRatio		0.002 (0.441)	0.002 (0.455)
Liquidity		0.004 (0.306)	0.003 (0.464)
IncomeDiver		0.001 (0.483)	0.001 (0.454)
AssetGrowth		-0.003*** (0.003)	-0.003*** (0.005)
ROE		0.013** (0.011)	0.009* (0.073)
MP			-0.014 (0.111)
GDPgr			0.033** (0.016)
Inflation			-0.003 (0.917)
constant	3.082*** (0.000)	1.435 (0.351)	0.668 (0.677)
银行 FE	Yes	Yes	Yes
N	2458	2325	2325
within R^2	0.080	0.094	0.102

表 4.6 列出了宏观审慎政策与个体银行风险相关的稳健性检验结果。同样地，我们这部分的研究也是基于微观银行层面的数据，因此宏观审慎政策的内生性问题较弱。出于谨慎考虑，我们仍然进行了处理潜在内生性

的稳健性回归。第（1）列为去除当期宏观审慎政策的结果；第（2）列则是采用了其他新兴和发展中市场的宏观审慎政策指数作为工具变量的结果。可以看出在两个回归中宏观审慎政策变量的系数依然显著为正，并且系数相比基准回归变化不大，印证了模型的稳健性。在第（3）列，为了避免宏观审慎政策与货币政策之间识别得模糊，我们使用了排除准备金要求的宏观审慎政策指标 MaPP_nRR，结果仍然保持一致。然后，我们也采用了宏观审慎政策的替代性数据来源，即 Klingelhöfer 和 Sun（2019）整理的我国宏观审慎政策数据，结果如第（4）列所示。最后，我们采用了银行风险的替代性指标：风险加权资产占比（RWA）以及不良资产比例（NPL）。由于风险加权资产数据缺失严重，我们参考相关文献①的计算方式进行了间接估算。从第（5）—（6）列的结果来看，宏观审慎政策的收紧显著地降低了银行的风险加权资产占比以及不良资产比例，支持了基准回归的结论。

表 4.6　　　　宏观审慎政策与个体银行风险：稳健性检验

	(1)	(2)	(3)	(4)	(5)	(6)
	lnZscore	lnZscore	lnZscore	lnZscore	RWA	NPL
L. MaPP	0.021*** (0.000)					
MaPP		0.019** (0.022)			-0.183*** (0.000)	-0.036*** (0.000)
MaPP_nRR			0.051*** (0.000)			
MPP				0.012** (0.040)		
控制变量	Yes	Yes	Yes	Yes	Yes	Yes
银行 FE	Yes	Yes	Yes	Yes	Yes	Yes
N	2325	2372	2325	1246	2321	2103
within R^2	0.100	0.101	0.117	0.087	0.294	0.217

① 具体参考的文献包括吴俊等（2008）、江曙霞和陈玉婵（2012），李双建和田国强（2020）等。

4.4　宏观审慎政策与个体银行风险的异质性分析

由于文中系统性风险的测算方法对银行数据要求很高（需要市场交易数据），导致对银行系统性风险的分析部分观测值偏少。加之现有相关文献对系统性风险的衡量方式也还存在一定的争议，因而本章的后续分析主要关注个体银行风险角度。

这部分主要有两个研究目标：第一，考察是否作用于不同对象或者具有不同中间目标的宏观审慎政策工具对银行风险的影响存在差异；第二，一些银行特征和宏观环境变量是否对宏观审慎政策的影响具有调节作用。

4.4.1　不同宏观审慎政策工具作用的异质性

从第 2 章对宏观审慎政策工具的详细介绍中我们可以观察到，不同宏观审慎政策工具的直接作用对象可能不一样，大部分工具直接作用于金融机构，而部分工具则直接作用于借款人。从政策目标的角度来看，有的宏观审慎政策工具是针对时间维度上的系统性风险，有的则是瞄准截面维度上的系统性风险。进一步地，在关于宏观审慎政策有效性的相关文献中，有的研究发现不同种类宏观审慎政策工具的有效性存在差异（例如，Ayyagari et al.，2018；Mirzaei et al.，2021；Andrieş et al.，2021；樊明太和叶思晖，2020；等等）。因此，在基准回归中得到了宏观审慎政策的总体效应的基础上，我们将宏观审慎政策根据不同的标准进行分类考察，从而能更加深入地了解不同宏观审慎政策组类作用于银行风险的差异。这方面的探讨不仅使我们更加清晰地梳理出各类宏观审慎政策工具抑制银行风险的有效性，同时也为后续政策的调整、针对性地制定和实施宏观审慎政策提供了有益的信息，具有很强的现实意义。

首先，参考 Cerutti 等（2017a）、Fendoğlu（2017）、Ayyagari 等（2018），我们根据宏观审慎政策工具的直接作用对象将其分为两个组别：作用于金融机构的宏观审慎政策（MaPP_FI）和作用于借款人的宏观审慎政策（MaPP_Borrower）。具体来看，MaPP_FI 包括逆周期资本缓冲、资本留存缓冲、其他资本要求、杠杆率限制、贷款损失准备、贷款增长限制、其他贷款限制、流动性要求、准备金要求和税收工具等，这些宏观审慎工具都是直接对金融机构的行为提出要求。MaPP_Borrower 则包括贷款价值比上限、贷款收入比以及负债收入上限，主要是对借款人的负债行为进行限制。表 4.7 的第（1）列展示了这两类宏观审慎政策对银行风险的影响，可以看出 MaPP_Borrower 的系数相比于 MaPP_FI 更大，所以在抑制银行风险方面直接瞄准借款人的工具可能更加有效。这个结果与 Fendoglu（2017）、Ayyagari 等（2018）、Andrieş 等（2021）、Rizwan 等（2021）、Stolbov 等（2021）的发现一致。可能的原因是，相比于借款人，金融机构在面临宏观审慎政策监管限制时有更多的途径来应对和规避监管。在我国借款人的主要融资渠道是商业银行，当其银行融资受到限制时，缺乏可替代的融资渠道。而当宏观审慎监管对金融机构的行为进行限制时，它们可能通过业务的表内外腾挪、影子银行渠道以及利用监管空隙进行监管套利等操作而部分地规避监管要求。

表 4.7　　不同种类的宏观审慎政策与个体银行风险

	(1)	(2)	(3)	(4)
	lnZscore	lnZscore	lnZscore	lnZscore
MaPP_Borrower	0.079*** (0.000)			
MaPP_FI	0.020*** (0.000)			
MaPP_resilience		0.040*** (0.000)		
MaPP_cycle		0.018*** (0.002)		
MaPP_capital			0.009 (0.698)	
MaPP_liquidity			0.179*** (0.000)	
MaPP_asset			0.129*** (0.000)	

续表

	(1)	(2)	(3)	(4)
	lnZscore	lnZscore	lnZscore	lnZscore
MaPP_RR			-0.082*** (0.000)	
MaPP_currency			0.020 (0.632)	
MaPP_T				0.029*** (0.000)
MaPP_L				-0.049*** (0.008)
控制变量	Yes	Yes	Yes	Yes
银行 FE	Yes	Yes	Yes	Yes
N	2325	2325	2325	2325
within R^2	0.111	0.100	0.145	0.103

其次，我们也参考 Claessens 等（2013）和 Altunbas 等（2018）的做法，基于宏观审慎政策工具的直接目标进行分组研究。具体地，我们将其分为旨在抑制金融系统顺周期性的宏观审慎政策（MaPP_cycle）和旨在提高金融系统抵御负面冲击能力的宏观审慎政策（MaPP_resilience），前者针对的是系统性风险在时间维度上的周期性累积，而后者针对的是系统性风险在横截面维度上的传染性。MaPP_resilience 包括资本相关的宏观审慎工具（逆周期资本缓冲、资本留存缓冲、其他资本要求和杠杆率限制）以及流动性相关的工具（流动性覆盖比例等），目的是通过提高资本累积和保持较高的流动性来抵御风险冲击。MaPP_cycle 则包括准备金要求、资产相关工具（信贷增长限制、其他贷款限制、LTV、DSTI、贷存比、特定交易相关的税收要求以及动态贷款损失准备等）和外汇相关工具（外币贷款限制以及外汇头寸限制），这部分措施大多具有逆周期的调节机制，旨在缓解金融机构的顺周期行为从而抑制系统性风险在时间维度上的累积。相关回归结果列示在表 4.7 的第（2）列，显著为正的系数表明两个类别的宏观审慎政策均能提高银行的稳定性，而且提高银行抵御风险能力相关的政策似乎更加有效。我们认为，这可能是由于资本相关和流动性相关的宏观审慎监管在计算规则和监管框架方面都已经比较成熟，监管规避的可能性

较小。另外，更高的资本充足率和流动性比例也一定程度上遏制了风险在金融机构之间的传播。而相对地，面对 MaPP_cycle 类别的宏观审慎政策，银行可能存在更大的腾挪的空间，降低了监管的有效性。进一步地，表4.7 的第（3）列展示了将 MaPP_resilience 和 MaPP_cycle 更加细分的结果。如前所述，资本相关的宏观审慎政策（MaPP_capital）和流动性相关的宏观审慎政策（MaPP_liquidity）为 MaPP_resilience 的组成部分，而资产相关的宏观审慎工具（MaPP_asset）、准备金要求（MaPP_RR）和外汇相关的宏观审慎政策（MaPP_currency）则为 MaPP_cycle 的组成部分。第（3）列的回归结果表明流动性相关和资产相关的宏观审慎政策能够有效地降低个体银行的风险水平，而准备金要求的提高反而增加了银行风险。可能的原因是银行资金的成本随着准备金要求的提高而上升，为抵消成本的上涨，银行会为了更高的回报而加大高风险项目的投资。当然，具体的作用机制需要后续研究进一步地详细探讨，我们这里只做简要的讨论。

最后，我们考察了宏观审慎政策效应的对称性，即宏观审慎政策的收紧和放松对银行风险的影响是否对称。一般来说，在经济上行期间，金融体系的系统性风险主要来自金融机构的过度信贷扩张和过高的杠杆率，这种情况下监管部门会制定和实施紧缩性的宏观审慎政策，用以抑制系统性风险的增加。由于这些紧缩性的政策对银行的风险活动产生了限制，因而银行层面的风险水平也应该会降低。而在经济下行期间，系统性风险的主要来源在于金融体系流动性的缺失和金融中介信贷服务的萎缩，此时监管部门会实施宽松性的宏观审慎政策以释放流动性，保障金融机构对实体经济的支持[①]。但宽松的宏观审慎政策往往放松了对金融机构相关活动的监管要求，在保障其中介功能的同时，可能也会导致风险水平的提高。为了考察对称性问题，我们同样基于 Alam 等（2019）提供的宏观审慎政策数据构建了两个新的宏观审慎政策指标：MaPP_T 为只包括紧缩宏观审慎政策的指数，而 MaPP_L 相应地为只包含宽松宏观审慎政策的指数。表 4.7 第（4）列的结果与预期相符：MaPP_T 的系数显著为正，说明紧缩的宏观

① 比如，在此次全球金融危机期间，我国提高了贷款价值比上限（2008 年 10 月），并逐渐地、差别化地降低了准备金要求（2008 年 9 月 25 日、2008 年 10 月 15 日以及 2008 年 12 月 5 日），还降低了个人首套房（90 平方米及以下）购房者的契税（2008 年 11 月 1 日）。

审慎政策降低了银行风险；而 MaPP_L 的系数显著为负，表明放松的宏观审慎政策提高了银行的风险水平。从系数的大小来看，似乎单个宽松的宏观审慎政策的效用更大。可能是由于经济下行期间单个宽松宏观审慎政策的调整强度更大，而金融扩张期间紧缩宏观审慎政策的实施更具有渐进性，以免矫枉过正而伤害实体经济；也可能是因为金融机构在面临紧缩性政策时更想要逃避监管，而在面对宽松型政策时则不存在规避监管的动机（BIS，2018；Poghosyan，2020）。部分现有相关研究也从不同的角度对宏观审慎政策效应的对称性进行了考察，其中 Poghosyan（2020）的发现与我们一致，即宽松的宏观审慎政策更加有效，而杨昊龙等（2017）、Altunbas 等（2018）、Cantù 等（2020）却发现紧缩的宏观审慎政策更加有效。

4.4.2　基于银行特征以及宏观变量的异质性分析

宏观审慎政策的有效性不仅跟其自身的特征有关（直接作用对象和目标等），还受它们作用对象的一些特征以及外部的宏观环境因素影响。本小节旨在进行相关的异质性分析，因而在基准回归模型的基础上加入了宏观审慎政策指标与相关特征变量的交乘项，模型设计如下所示：

$$Risk_{it} = c_2 + \beta_2 MaPP_t + \rho_2 MaPP_t \times MV_{it} + \zeta_2 MV_{it} + \gamma_2 BankChar_{it-1} + \delta_2 Macro_{jt-1} + f_i + \varepsilon_{it} \quad (4.2)$$

其中，MV_{it}是影响宏观审慎政策与银行风险之间关系的特征变量，我们主要关注的是交乘项 $MaPP_t \times MV_{it}$的系数，即 ρ_2 的值和显著性，反映了MV_{it}相关变量对宏观审慎政策与银行风险之间关系影响的方向、大小和显著性。基于相关文献，我们选取银行的规模（lnAsset）、上市情况（Listed）、银行业的集中度（CR5）、货币政策态势（MP）四个重要的银行特征和宏观政策指标作为关注的特征变量，以观察它们对宏观审慎政策风险抑制有效性的影响。

相关回归的结果汇总在表 4.8。前两列展示了银行规模和上市状况的异质性回归结果，发现 MaPP × lnAsset 以及 MaPP × Listed 的系数都显著为正，说明对规模越大和已经上市的银行，宏观审慎政策对其风险的控制效果更好。首先，监管部门可能对规模越大的银行和上市银行的风险水平更加警惕，因为这两类银行对于陷入危机时政府必然会救助的假定使它们具有更高的道德风险。其次，这两类银行在银行体系中的影响力更强，也更可能导致更高的系统性风险。因而一些紧缩的宏观审慎措施专门用于抑制由这些银行倒闭带来的潜在系统性风险传染，而另外一些宏观审慎政策可能对具有这些特征的银行监管更加严厉①。此外，对于上市银行来说，除了监管部门的监管，它们还面临更强的市场监督。上市银行的信息披露更加规范和透明，众多投资者的参与也对其行为有一定的约束作用。总之，这些银行的风险承担行为被更大程度地限制，宏观审慎政策的效应自然也得到了加强。

表 4.8　对宏观审慎政策有效性的异质性分析

	(1)	(2)	(3)	(4)
	lnZscore	lnZscore	lnZscore	lnZscore
MaPP	-0.058*** (0.003)	0.019*** (0.000)	0.108*** (0.000)	0.035*** (0.000)
MaPP × lnAsset	0.005*** (0.000)			
MaPP × Listed		0.013*** (0.006)		
MaPP × CR5			-0.001*** (0.003)	
MaPP × MP				-0.003*** (0.000)
控制变量	Yes	Yes	Yes	Yes
银行 FE	Yes	Yes	Yes	Yes
N	2325	2325	2325	2325
within R^2	0.110	0.106	0.108	0.120

① 例如，在 Alam 等（2019）划分的 17 种宏观审慎政策工具中，SIFI 就专指致力缓解全球和国家层面的系统重要性金融机构（Global and domestic systemically important financial institutions, SIFIs）引发的风险的宏观审慎政策，包括资本和流动性等方面的附加要求。而 SIFIs 一般同时具有规模较大和上市交易的特征，在银行体系里具有很强的影响力。

表4.8的第三列为银行体系集中度的异质性回归结果。CR5为五大行的总资产之和占所有样本银行总资产的比例，是常见的衡量银行体系集中度的指标（例如，Jiménez et al.，2013；Fu et al.，2014；Khan et al.，2016），CR5的值越大则银行业的集中度越高。结果发现交乘项MaPP×CR5的系数显著为负，表明银行业集中度的提高会弱化宏观审慎政策对银行风险水平的抑制效果。首先，银行业集中度越高，则头部银行的规模越是庞大、业务的广度和深度也可能更复杂，导致宏观审慎政策无法在各个维度都能发挥完备的监管作用，在这种环境下银行的监管规避程度可能会更高。其次，较高的银行集中度还可能导致银行由于“大而不能倒”而产生更严重的道德风险。最后，在面临一些宏观审慎政策要求时，在集中度高的市场中的银行会由于更高的市场地位而更容易满足要求。比如，当宏观审慎监管提高资本充足要求时，这些银行更容易在市场上进行资本募集，从而使宏观审慎政策的约束力降低。可能基于以上种种原因，宏观审慎政策的有效性被削弱了。

在我国，宏观审慎政策与货币政策共同组成了“双支柱”调控体系，两种宏观政策之间的互动关系也成为了监管部门和学术界关注的焦点。然而，宏观审慎政策与货币政策之间如何协调、如何影响各自的目标变量等问题还在持续讨论中，还未达成一致的观点（Rubio and Carrasco – Gallego，2014；Nier and Kang，2016；Gambacorta and Murcia，2017；Malovaná and Frait，2017；Revelo et al.，2020；等）。从国内的研究来看，近年来从理论、宏观模型和实证等角度出发的文献逐渐丰富，并且相关研究仍在进一步地推进中（比如，方意等，2012；王爱俭和王璟怡，2014；程方楠和孟卫东，2017；洪昊等，2018；马勇，2019；李斌和吴恒宇，2019；黄益平等，2019；苏嘉胜和王曦，2019；王信和贾彦东，2019；马骏和何晓贝，2019；李拉亚，2020；马勇和付莉，2020）。我们这里则从实证研究和个体银行风险的角度考察了货币政策对宏观审慎政策的调节作用，结果如表4.8的第四列所示。可以看到，宏观审慎政策与货币政策变量的交乘项MaPP×MP的系数显著为负，说明宽松的货币政策弱化了宏观审慎政策的风险抑制作用。这个结果其实比较直观，很符合预期。首先，宽松的货币政策本身就容易通过风险承担渠道（Borio and Zhu，2012）导致银行过度地承担风险，而货币政策的风险承担渠道在我国也被证实存在（张雪兰和何德旭，2012；王晋斌和李博，2017；项后军等，2018；李双建和田国强，2020；等）。其次，在宽松的货币政策环境下，银行体系的流动性更强，银行更加容易通过外部融资来满足紧缩的宏观审慎政策对银行施加的资本和流动性等要求，导致宏观审慎政策约束力被削减。因此，宽松的货币政策对紧缩的宏观审慎政策有一定的抵消效应，从而降低了宏观审慎政策对银行风险抑制的有效性。当然，从另一个视角来看，紧缩的货币政策会加强紧缩的宏观审慎政策降低银行风险的强度，在这种情形下，两种政策能起到很好的配合。

总体来看，以上的异质性分析发现宏观审慎政策对规模越大的银行以及上市银行的风险抑制效应更强，而在银行业集中度高、缺乏竞争或者货币政策宽松的环境下，宏观审慎政策的有效性会被削弱。因此，想要提高宏观审慎政策的有效性，我们不仅要对宏观审慎政策本身进行合理的选用和裁量，也需要对银行业的行业状况以及货币政策加以关注，以创造出更好的政策实施环境。具体来看，相关政策部门可以鼓励银行业竞争、降低行业集中度；加强对数量众多的中小银行的关注，防范系统性风险的不断累积和传染；注重与货币政策的配合，在宏观审慎政策制定时考虑政策之间的相互抵消和叠加效应，从而增强对政策实施结果的可控度。

4.5 宏观审慎政策影响个体银行风险的机制分析

相对来说，宏观审慎监管这个话题在近些年才开始受到广泛的关注，围绕宏观审慎政策的一系列研究都还在持续发展的过程中。特别地，国内外研究中关于宏观审慎政策风险抑制作用的机制讨论还比较缺乏，而针对我国宏观审慎政策实践的作用机制分析更是缺乏讨论。因此，这部分内容旨在进一步地探讨我国宏观审慎政策影响个体银行风险的可能途径，对潜在的作用机制进行分析。

我们设计了以下回归模型进行潜在作用机制的检验：

$$Mechnism_{it} = c_3 + \beta_3 MaPP_t + \gamma_3 BankChar_{it-1} + \delta_3 Macro_{jt-1} + f_i + \varepsilon_{it} \tag{4.3}$$

模型（4.3）是以潜在机制变量为被解释变量的回归，考察宏观审慎政策是否确实对潜在机制变量产生了显著的影响，这里我们关注 β_3 的方向、大小和显著性。一般而言，只有当 β_3 显著时，这里的被解释变量才有可能是宏观审慎政策发挥风险抑制作用的机制变量。

首先，参考宋科等（2019）、Ely 等（2020）、祁敬宇和刘莹（2021）等，我们将 Z - score 的 3 个组成部分，即权益资产比例（EA）、资产收益率（ROA）和盈利波动性（sdROA），分别作为潜在的渠道变量来进行机制研究。具体来看，宏观审慎政策，特别是资本要求相关的宏观审慎政策工具，可能通过提高银行的权益资产比例（EA），即降低银行的杠杆率，来降低个体银行的风险水平；一方面，宏观审慎政策对银行资本充足率、杠杆率、信贷规模、流动性等方面的限制可能会导致银行的盈利能力（ROA）降低（Davis et al.，2021；王祺等，2021），而一般而言更审慎的银行行为和更低的收益率也伴随着更低的银行风险承担。另一方面，宏观审慎政策对银行行为的约束也可能使得银行更好地利用现有资源，提高效率和风险管理水平等，回归主营业务，在细分市场深耕优势，从而提高其盈利能力（邵梦竹，2019；宋科等，2019）。这里通过效率改善、提高风控和扩大比较优势带来的盈利能力提高也可能会相应地降低银行的风险水平；此外，来自宏观审慎政策的各类监管要求也使得银行的经营行为更加规范和稳定，因而其盈利波动性（sdROA）很可能会降低，相应的银行风险承担也会得到改善。

表4.9展示了机制分析的相关回归结果。其中，第（1）列为EA作为机制变量时的结果，结果表明宏观审慎政策的收紧确实显著地提高了银行的权益资产比例，即降低了银行的杠杆率。从影响大小来看，宏观审慎政策一个标准差的收紧会导致银行的EA平均提高约0.75个百分点，约为其标准差的20%①。银行权益资产比例的提高可能主要得益于宏观审慎政策对银行更高的资本金要求以及杠杆率的限制，而银行自有资本比例的提高能够降低银行的道德风险，使其经营活动更加审慎，从而减少风险承担。表4.9的第（2）列为ROA为机制变量时的回归结果，我们发现宏观审慎

① $(9.60\times0.078)/3.74$。

政策的收紧提高了银行的总资产收益率，宏观审慎政策一个标准差的变化使得银行的资产收益率平均提高约0.077个百分点，约为ROA标准差的19%①。部分现有文献表明宏观审慎政策的收紧限制了银行的信贷扩张（例如，Lim et al.，2011；Akinci and Olmstead - Rumsey，2018；Klingelhöfer and Sun，2019），可能也因此促进了银行对主营业务和资产质量的专注，因而提高了其盈利能力。而银行盈利能力的提高能够增强银行的稳定性和风险抵御能力，因此银行面临的风险水平更低，与邵梦竹（2019）和宋科等（2019）的发现一致。相应地，表4.9的第（3）列展示了盈利波动性（sdROA）的机制检验结果。结果表明，宏观审慎政策的实施降低了银行的盈利波动性，宏观审慎政策一个标准差的收紧会导致银行的盈利波动性平均降低其标准差的12%②。银行盈利波动性的降低可能是由于宏观审慎政策对银行行为的一系列限制促使其经营更加稳健，同时提高了风险管理能力等。而更低的盈利波动性进一步保证了银行经营的稳定性，从而降低了银行的整体风险水平。

表4.9　对宏观审慎政策风险抑制效应的机制分析

	(1)	(2)	(3)	(4)	(5)
	EA	ROA	sdROA	HHI	Efficiency
MaPP	0.078*** (0.000)	0.008*** (0.000)	-0.002** (0.022)	-0.086*** (0.000)	0.076*** (0.000)
EA					
ROA					
sdROA					
HHI					
控制变量	Yes	Yes	Yes	Yes	Yes
银行FE	Yes	Yes	Yes	Yes	Yes
N	2325	2325	2325	2325	2290
within R^2	0.217	0.402	0.074	0.915	0.019

① (9.60×0.008)/0.410。

② (-0.002×9.60)/0.166。

其次，近期有研究发现宏观审慎政策会显著地影响银行的竞争程度。其中，Mirzaei 和 Moore（2020）基于58个国家的研究发现，宏观审慎政策的收紧降低了银行业的竞争程度，并且主要由流动性相关和资本相关的宏观审慎政策推动。Scalco 等（2021）基于巴西的实证研究则支持了紧缩的审慎政策对银行竞争的负向影响。另一方面，虽然对影响的方向还未有定论，但已有大量文献都证实了银行竞争对银行风险存在着显著的影响（例如，Koskela and Stenbacka，2000；Boyd and De Nicoló，2005；Beck et al.，2006；Tabak et al.，2012；Beck et al.，2013；Jiménez et al.，2013；Mirzaei et al.，2013；Kick and Prieto，2015；Akins et al.，2016；Leroy and Lucotte，2017；Wu et al.，2019）。因此，宏观审慎政策很可能通过影响银行的竞争程度而对银行风险水平产生间接的作用。这里我们参考余晶晶等（2019）和 Shim 等（2019），采用基于银行总资产的 HHI 指数（Herfindahl – Hirschman Index）来衡量银行的集中度或竞争程度，相关机制检验的回归结果如表4.9第（4）列所示。可以看到，宏观审慎政策的收紧降低了银行的资产集中度，即增加了银行业的竞争。平均来看，宏观审慎政策一个标准差的增加会使得银行的 HHI 指数降低约其标准差的71%①。宏观审慎政策提高银行业竞争的具体原因还有待进一步讨论，但从本章异质性分析部分的结论来看，宏观审慎政策对规模较大和上市银行的作用更强，可能因此降低了这两类银行的市场竞争力，从而促进了银行业的整体竞争水平。因此，宏观审慎政策确实可能通过影响银行的竞争程度而对银行风险水平产生作用。

最后，部分现有文献发现一些金融监管政策，主要包括资本充足率要求、对银行行为的限制、监管方的权力大小以及市场监督力度等微观审慎监管，会对银行的效率产生显著的影响（Pasiouras et al.，2009；Chortareas et al.，2012；Barth et al.，2013；Pessarossi and Weill，2015；Manlagnit，2015；Bitar et al.，2018；Djalilov and Piesse，2019；等）。特别地，近期 Gaganis 等（2021）和 Chen 等（2022）基于跨国银行数据的研究更是发现宏观审慎政策也会显著地影响银行效率，前者发现宏观审慎政策降低了银

---

① $(-0.086\times 9.60)/1.16$。

行效率，而后者则发现银行效率得到了提高。不仅如此，许多文献还证实了银行效率与银行风险之间的密切相关性，银行效率的改变会对银行的风险水平造成影响（例如，Berger and DeYoung，1997；Altunbas et al.，2007；Fiordelisi et al.，2011；Tan and Floros，2013；Hou et al.，2014 Assaf et al.，2019;)。因此，宏观审慎政策也可能通过影响银行的效率而对银行风险水平产生作用。表4.9的第（5）列展示了宏观审慎政策对银行效率①的回归结果，结果表明我国宏观审慎政策的实施显著提高了商业银行的效率，与Chen等（2022）基于新兴经济体的发现一致。从影响程度来看，宏观审慎政策一个标准差的收紧会导致银行的效率平均提升约0.73个百分点②。银行效率之所以提高可能是因为宏观审慎政策促使银行更多地专注主营业务、更好地利用现有资源以覆盖监管带来的成本以及保持市场竞争力。

前文只是考察了宏观审慎政策对一些潜在作用渠道的影响，而缺乏直接地探讨这些潜在渠道如何作用于银行风险以及这些潜在渠道的相对重要性，即相关间接效应的规模。近年来，中介效应分析框架被频繁地应用于经济学各领域的研究中，用以揭示关键变量与被解释变量之间的作用途径（例如，张大永和张志伟，2019；张璇等，2019；郭晔等，2020；马勇和陈点点，2020；孙华妤等，2021）。但近期，中介效应分析在经济学领域的应用中存在的内生性等问题引发了学术界的广泛争议。因此，我们在机制分析部分并不将Baron和Kenny（1986）提出的中介效应分析框架③作为

① 文中的银行效率指成本效率，对我国商业银行成本效率的计算主要参考张大永和张志伟（2019）、Berger等（2009）、Sun等（2013）采用随机前沿分析方法（SFA），将总贷款、非利息收入、其他盈利性资产以及总存款作为产出，投入价格则包括可贷资金价格和营业投入价格，并且将银行的权益作为净投入，还控制了时间虚拟变量以考虑一些只随时间变化的不可观测因素。此外，我们还进一步考虑了银行的个体固定效应，采用Belotti和Ilardi（2018）提出的一致性估计方法进行估计。

② 0.076×9.60。

③ Baron和Kenny（1986）提出的中介效应分析框架由三个回归方程组成，前两个分别为回归（4.1）和回归（4.3），分别考察的是宏观审慎政策对个体银行风险的总效应β_1以及宏观审慎政策对相应的机制变量的影响β_3。中介效应分析的最后一个回归是在第一个回归（4.1）的基础上将相应的机制变量加入控制变量：$Risk_{it} = c_4 + \beta_4 MaPP_t + \theta_4 Mechanism_{it} + \gamma_4 BankChar_{it-1} + \delta_4 Macro_{jt-1} + f_i + \varepsilon_{it}$（4.4），$\beta_4$为控制了机制变量的作用之后宏观审慎政策对银行风险的直接效应，而θ_4为机制变量对银行风险的影响，$\beta_3 \times \theta_4$则为宏观审慎政策通过影响机制变量而作用于银行风险的间接效应。

主体研究框架，而仅仅将相关结果作为参考和补充。在中介效应分析和检验的过程中，我们也参考了一些中介效应的后续发展（例如，温忠麟等，2004；温忠麟和叶宝娟，2014；Hayes，2018）。关于间接效应的显著性检验，参考现有相关文献（Preacher and Hayes，2008；MacKinnon，2008；Taylor et al. ，2008；等），我们主要采用偏差校正的非参数百分位 Bootstrap 方法[①]。

中介效应分析的结果表明，宏观审慎政策通过银行权益资产比例 EA 发挥间接效应的大小为 0. 0078（0. 078 ×0. 100），而基于偏差校正的非参数百分位 Bootstrap 方法得到的间接效应的置信区间为［0. 0052，0. 0112］，支持了间接效应的显著性。另外，在控制了 EA 带来的间接效应之后，宏观审慎政策的直接效应为 0. 016，依然显著。同样地，银行盈利能力 ROA 间接效应的大小约为 0. 0061（0. 008 ×0. 763），而且偏差校正的非参数百分位 Bootstrap 检验也支持了间接效应的显著性。而盈利波动性 sdROA 相关的间接效应大小为 0. 0092（ －0. 002 × －4. 648），同样通过了显著性检验。因此，权益资产比例（EA）、资产收益率（ROA）和盈利波动性（sdROA）都是宏观审慎政策作用于银行风险的中间渠道，除了直接影响银行的风险承担，宏观审慎政策也通过这三个中介变量来间接地对银行的风险水平产生影响。此外，关于银行竞争的中介效应分析表明，紧缩的宏观审慎政策提高了银行的竞争程度，而银行竞争程度越高其风险水平也越高。整体来看，紧缩的宏观审慎政策通过增强银行竞争而间接提高了其风险水平，与邵梦竹（2019）的发现一致。具体来看，宏观审慎政策通过银行竞争作用于银行风险的间接效应的大小约为 －0. 0172（ －8. 581 ×0. 002），并且也通过了偏差校正的非参数百分位 Bootstrap 检验。最后，中介效应分析表明，紧缩的宏观审慎政策提高了银行效率，但更高的银行效率也导致了更高的银行风险，从而宏观审慎政策通过银行效率的渠道反而增加了银行风

① 其他两种文献中常用的检测方法包括 Baron 和 Kenny（1986）的逐步检验以及 Sobel（1982）提出的 Sobel 检验，但是逐步检验的检验力较低，而 Sobel 检验需要假设系数的乘积，即 $\beta_3 * \theta_4$，服从正态分布，具有明显的局限性。相比而言，偏差校正的非参数百分位 Bootstrap 方法得到的间接效应的置信区间更加准确，并且具有更高的检验力（MacKinnon，2008；Fritz et al. ，2012；Hayes and Scharkow，2013；等）。

险。然而，银行效率渠道发挥的间接效应没有通过偏差校正的非参数百分位 Bootstrap 检验①。

从中介效应分析的结果来看，本小节发现宏观审慎政策作用于银行风险的潜在渠道至少包括以下 5 种：银行杠杆率、盈利性、盈利波动性、竞争程度以及银行效率。其中，紧缩的宏观审慎政策通过前三个渠道降低了银行风险，而通过后两个渠道反而提高了银行风险水平。因此，宏观审慎政策的实施在促进目标达成的同时也可能带来计划之外的成本，所以在对其有效性进行评估时不仅要看到总体影响，更要深入考察其可能带来的“副作用”，从而在后续政策制定中尽量降低其负面影响。

4.6 本章小结

本章主要利用我国商业银行的微观数据考察了宏观审慎政策在银行层面的风险抑制有效性，包括对银行系统性风险贡献和暴露的影响以及对个体银行风险水平的影响。我们的实证研究结果表明，宏观审慎政策的收紧不仅能够降低银行层面的系统性风险贡献和暴露，而且对个体银行风险水平也有显著的抑制作用，这两个主要结果都得到了一系列稳健性检验的支持。由于系统性风险的衡量方法还在发展中，并且现有方法复杂程度高、对数据质量要求也很高，因此本章的后续研究主要基于银行个体风险的角度展开。为了解不同宏观审慎政策风险抑制能力的差异，我们对宏观审慎政策进行了分类研究，结果发现直接作用于借款人的宏观审慎工具比作用于金融机构的工具更加有效，而旨在增强金融机构风险抵御能力的工具比抑制金融机构顺周期行为的工具具有更强的效应。进一步的细分指标结果表明，主要是流动性和资产相关的工具降低了银行风险，而准备金要求的提高反而增加了银行风险。首先，宏观审慎政策的有效性具有不对称性质，紧缩的宏观审慎政策降低了银行风险，而宽松的宏观审慎政策会提高

① 如果采用逐步检验法进行中介分析的间接效应的显著性检验，银行效率的间接效应也是显著的。

银行风险，并且影响强度更大。其次，异质性分析发现，宏观审慎政策对规模较大的银行以及上市银行的作用强度更大，而集中的银行体系以及宽松的货币政策则削弱了宏观审慎政策的有效性。最后，我们对宏观审慎政策作用于个体银行风险的几种可能机制进行了考察。我们发现，宏观审慎政策通过降低银行杠杆率、提高银行盈利性以及降低银行收益的波动性而降低了银行的风险水平。然而，紧缩的宏观审慎政策也通过提高银行系统的竞争程度和银行效率而增加了个体银行风险水平，但银行效率渠道没有通过中介效应的显著性检验。

总而言之，本章针对宏观审慎政策在微观银行层面的研究支持了宏观审慎政策的总体有效性。但不同的宏观审慎政策工具的效应具有异质性，宏观审慎政策的有效性也受一些银行特征和宏观因素的影响。另外，对宏观审慎政策作用机制的初步研究发现了互相竞争的作用渠道，因此我们也需要对宏观审慎政策带来的“副作用”引起重视，在后续的政策设计时要进行相关的考量。

第5章　宏观审慎政策对企业的银行借贷的影响

5.1　问题的提出

相对于从风险角度对宏观审慎政策的有效性进行考察，更多的现有文献关注的是宏观审慎政策的实施对一些反映金融系统稳定性的中间指标的影响，比如，银行信贷扩张、杠杆率变化、房贷和房价的增长等（Lim et al.，2011；Zdzienicka et al.，2015；Lee et al.，2016；Cerutti et al.，2017a；Cerutti et al.，2017b；Akinci and Olmstead - Rumsey，2018；等）。特别地，由于金融机构行为的顺周期性是导致系统性风险的重要原因，特别是时间维度上的系统性风险，因而相关研究关于宏观审慎政策对银行信贷行为影响的关注度比较高。这方面的研究大多从宏观的角度切入，但无论是基于宏观层面数据还是微观银行层面的数据，现有研究结果基本上都支持了紧缩性宏观审慎政策抑制信贷扩张的有效性（Claessens et al.，2013；Zdzienicka et al.，2015；Lee et al.，2016；Fendoglu，2017；Budnik and Kleibl，2018；Alam et al.，2019；Revelo et al.，2020；Mirzaei et al.，2021；等）。虽然国外的相关研究已经比较丰富，但基于我国相关数据考察宏观审慎政策对银行体系信贷行为的研究还比较少。同样地，国内的相关研究也大多从宏观层面入手，并且主要着眼于个别宏观审慎政策工具对信贷总量的影响（邹传伟，2013；王志强和李青川，2014；杨昊龙等，2017；荆中博和方意，2018；何玉洁和赵胜民，2019）。此外，采用我国银行层面数据的相关研究也比较缺乏，并且大多也只关注个别宏观审慎政策的影响，例如，资本充足率、贷款价值比（LTV）和动态差别存款准备金要求等（李楠等，2013；梁琪等，2015；刘澜飚和戴金甫，2019；周晔和陈亚杰，

2021）。进一步来看，无论是基于宏观还是微观的角度，仅有个别文章相对全面地考察了我国不同宏观审慎政策工具对信贷扩张的影响（Wang and Sun，2013；Klingelhöfer and Sun，2019）。总体来看，关于我国宏观审慎政策影响银行信贷行为的研究还较少，也缺乏对不同宏观审慎政策工具的全面考察。

以上研究均是从金融体系或银行的视角进行的讨论，而不管是宏观层面的信贷总量变化还是银行层面的信贷供给变化最终都会在微观经济主体，即企业层面上，有所反映。从逻辑上来看，宏观审慎政策对银行各方面行为的监管造成的信贷供给变化也会对企业在银行的融资水平造成直接的影响。实际上，从企业的角度探讨宏观审慎政策微观效应的研究近年来已经陆续开始出现，但相关研究的数量还是较少，还处于初始探索阶段。现有的相关文献大多基于国外的微观企业数据，而且大多是基于单个国家的特定宏观审慎政策工具的视角（Jime nez et al.，2017；Barroso et al.，2017；Gómez et al.，2020；Ono et al.，2021；Favara et al.，2021），也有个别研究利用跨国企业数据考察综合性的宏观审慎政策的影响（Ayyagari et al.，2018；Gambacorta and Murcia，2020）。国内从微观企业的角度探讨宏观审慎政策影响的研究更加匮乏，而且相关研究的关注点比较分散，直接跟企业的银行融资行为相关的文献更是寥寥。马勇和陈点点（2020）的研究主要关注宏观审慎政策的实施对企业金融投资的影响，而赵艳平等（2021）则关注外部宏观审慎政策的实施对我国企业杠杆率的溢出效应。比较接近的相关文献仅有黄继承等（2020），这篇文章同时考察了宏观审慎政策在银行和企业层面的影响，研究的部分内容关注了我国宏观审慎政策对企业杠杆率的影响，但企业杠杆率还包含了除银行贷款之外的很多其他负债项目，不能准确地反映宏观审慎政策对企业的银行借贷的影响。

从以上讨论可以看出，现有文献缺乏对我国宏观审慎政策作用于银行层面信贷行为的全面探讨，特别是基于企业的银行借贷角度的研究更是匮乏。如前所述，宏观审慎政策在宏观层面上的影响必然会在微观个体上有所体现，宏观审慎政策对银行信贷供给的影响也必然会传导到信贷的需求方——微观企业。因此，从微观企业的视角探讨宏观审慎政策的影响，一方面能够对宏观审慎政策的有效性提供全新角度的证据，另一方面也有助于揭示宏观审慎政策的微观传导机制以及对实体经济微观主体的可能影响。基于此，本章致力于全面地考察宏观审慎政策对我国非金融上市企业银行借贷情况的影响，以扩展和丰富相关研究。

从文献梳理来看，无论是基于宏观层面数据还是微观银行数据，现有的研究结论大多支持紧缩的宏观审慎政策能够有效地降低银行的信贷扩张。那么，从信贷的需求方来看，微观企业从银行的贷款总量应该也会相应地降低。然而，银行在调整其信贷供给时对不同的企业是否存在差别性对待，即不同企业的银行贷款水平所受影响程度是否一致，这个问题还有待进一步的研究。从逻辑上来看，当紧缩的宏观审慎政策导致银行降低信贷供给时，银行可能会更多地削减对现有贷款水平较高企业的借贷，因为这类负债较高企业的潜在违约风险更高，降低对它们的贷款有利于风险控制。但是，相对于中等负债程度的企业，银行可能更不易于较大程度地收紧对高银行负债率企业的贷款。对于高银行负债企业，如果银行贸然降低对它们的贷款，可能会导致它们由于流动性问题而陷入困境，进而导致对银行贷款的违约，最后降低银行的资产质量，增加银行的风险水平。而基于现行的监管机制，银行不良贷款率的提高会带来更严格的监管，同时银行管理层的声誉以及绩效考核也会受到一定的负面影响。因此，银行降低此类企业贷款的动机相对较弱，而更可能通过贷款延期和贷新还旧等方式维持对此类企业的借贷水平①，因而高银行负债率的企业可能受宏观审慎政策的影响反而更弱。基于以上分析，受宏观审慎政策影响的银行在进行信贷发放调整时，可能会根据企业现有的贷款情况而作出差别化对待，所以宏观审慎政策对企业银行信贷的作用可能存在非线性关系。具体而言，当企业的银行借贷率上升时，紧缩的宏观审慎政策对银行借贷的抑制作用可能会逐渐增强；但当企业的银行借贷率足够高时，宏观审慎政策的影响可能反而会减弱。因此，本章不仅从企业的视角考察宏观审慎政策对银行

① 这里的逻辑可以参考我国僵尸企业的相关研究。僵尸企业，即一些经营状况和盈利能力差、负债率高，依靠银行贷款和政府补贴而得以继续存活的问题企业。银行对僵尸企业的持续贷款除了银行主观上控制不良贷款的动机以外，还可能受到来自政府基于经济和就业考虑的相关压力。

信贷的影响，而且还关注的是宏观审慎政策与企业的银行借贷水平之间潜在的非线性关系。

5.2　数据来源、模型设计与变量介绍

5.2.1　数据来源

研究中采用的 A 股上市公司[①]财务数据来自 CSMAR 数据库。参考文献中的常规处理方法，我们剔除了金融行业的上市公司以及 ST 和 PT 标识企业。同时，我们也排除了没有连续三年观测值以及变量数据缺失严重的企业。此外，我们也删除了企业杠杆率高于 100% 的异常值。最后，为了降低极端值的潜在影响，我们对所有连续变量进行了 1% 和 99% 分位数的缩尾处理。最终，我们在基准回归中包括了 13522 个公司—年份观测值，样本区间为 2000 ~ 2018 年。另外，相关宏观经济变量来自国家统计局和 CEIC 宏观经济数据库。

5.2.2　实证模型设计

为了考察宏观审慎政策与企业银行借贷之间的非线性关系，我们采用 Firpo 等（2009）提出的非条件分位数回归（Unconditional Quantile Regression），这个估计方法能够帮助我们识别宏观审慎政策效应如何随着企业银行借贷率分布的分位数而变化。常规的线性回归模型一般假定解释变量对被解释变量的作用大小是恒定的，即不随被解释变量的水平或分布而变化，因而只能反映解释变量对被解释变量的平均影响。相反地，分位数回归允许非线性关系的存在，能够评估解释变量在被解释变量分布的不同分

① 众所周知，采用上市公司数据有利也有弊。基于信息披露和外部审计制度，上市公司的财务数据更加丰富，数据质量也更加可靠。但我们基于上市公司的研究结果可能会低估宏观审慎政策对企业银行信贷的影响，因为银行也会对非上市公司进行信贷削减，甚至力度更强。

位数时其效应的差异性①。然而，现有经济学研究中常用的分位数回归大多是指 Koenker 和 Bassett（1978）提出的条件分位数回归（Conditional Quantile Regression），而条件分位数回归的估计结果是基于控制变量的数值。由于研究者一般关心的是在不基于其他变量取值的情况下，关键解释变量对处于不同被解释变量分布位置的个体影响的异质性，因此条件分位数提供的估计结果与研究者所关心的问题很有可能不一致，很难直接对条件分位数的估计结果进行直观的经济学解释。非条件分位数回归正是对条件分位数回归方法的一种扩展和补充，Firpo 等（2009）提出的非条件分位数回归基于再中心化影响函数（Recentered Influence Function）对被解释变量进行转换，而不是基于控制变量对其进行重新定义，因而估计结果不会受到解释变量的影响。因此，非条件分位数估计方法完美地契合了我们的研究目的，即宏观审慎政策对企业银行借贷的影响可能会基于企业现有的银行贷款水平而变化，特别是对低银行负债、中等银行负债以及高银行负债企业影响的异质性。

基于以上分析，我们的非条件分位数回归模型设计如下：

$$Q_\tau(DebtRatio_{it}) = c_\tau + \beta_\tau MaPP_t + \delta_\tau FirmChar_{it-1} + \varphi_\tau Macro_{jt} + I_{it} + f_i + \varepsilon_{it} \tag{5.1}$$

其中，$DebtRatio_{it}$代表企业 i 在时间 t 时的银行融资比率②，τ 则表示在被解释变量概率分布上的第 τ 个分位点，从而 Q_τ（$DebtRatio_{it}$）代表的是基于 $DebtRatio_{it}$的 τ 分位点的非条件分位数回归。下标 j 代表的是企业注册地所在省份。$MaPP$ 为我国的宏观审慎政策指标。控制变量中，我们首先控制了一系列可能影响企业对银行贷款需求的企业层面的特征变量，用

① 另外一种相关的处理方法则是按照被解释变量的数值进行分组，然后分别考察分样本回归的估计结果，并进行对比分析。然而，这种方法人为地对样本进行了划分，在分样本回归仅使用了部分研究样本，容易导致样本选择偏差而使得研究结果不可靠（Lee and Li，2012）。而分位数回归在回归过程中则使用了全部样本，规避了这个问题。此外，文献中还有一种处理方法，即根据被解释变量的数值分组生成虚拟变量，然后将这个虚拟变量与关键解释变量进行交乘。但是这种方法也会带来一些问题，例如对分组分界点的人为确定，而且回归中包含过多的交乘项可能会导致共线性问题以及对估计效率的降低。

② 在本章的研究中，我们关注的是企业从银行渠道融资情况的变化，因此文中“企业的银行融资”“企业的银行借贷”“企业的银行贷款”以及“企业的银行负债”等说法含义一致，均是指企业对银行的负债水平。

FirmChar 表示。此外，为了控制宏观经济环境和货币政策等因素的影响，回归中还控制了一些相关的宏观层面变量 *Macro*[①]。此外，I_{it}和f_i 为模型中控制的固定效应。考虑到行业层面可能存在不可观测的对被解释变量产生影响的因素，我们控制了行业固定效应 I_{it}；同时也加入了企业的固定效应 f_i，以控制不随时间变化的不可观测的企业层面特征对被解释变量的影响[②]。ε_{it}为随机扰动项。为了应对企业层面特征变量潜在的内生性问题，我们将所有企业层面的控制变量均滞后一阶。由于宏观审慎政策的制定和实施是基于金融体系的系统性风险水平，与微观企业的融资行为不相干，因而在这个分析中宏观审慎政策变量不存在内生性问题。最后，由于处于同一行业的企业可能存在一定的相关性，我们将标准差在行业[③]层面进行聚类，以允许误差项在行业内部相关。

在以上非条件分位数回归中，我们主要关注的是宏观审慎政策变量 *MaPP* 的系数，β_τ，这里宏观审慎政策对企业的银行融资比率的影响会随着分位数 τ 的变化而变化。通过对 β_τ 变动的观察，我们就能得到宏观审慎政策与企业的银行融资水平之间的非线性关系。

5.2.3　变量介绍

我们采用企业对银行的总负债占总资产的比例[④]来衡量企业从银行的整体融资状况，除以总资产是为了控制企业规模带来的差异，这个指标以 *DebtRatio* 表示。由于本研究关注的是宏观审慎政策的信贷抑制效应在企业层面的直接反映，所以我们把重点放在企业从银行的借贷水平变化上，而

---

① 除货币政策变量之外的其他宏观层面的控制变量均采用相应省份对应的数据，以考虑地区间的差异。

② 同样地，由于我们的主要解释变量 *MaPP* 为宏观变量，参考相关文献的设定，在模型中我们没有控制时间固定效应（饶品贵和姜国华，2013；黄继承等，2020；D'Mello and Toscano，2020；马勇和姚驰，2021；祁敬宇和刘莹，2021；等等）。实际上，我们发现即使在回归中加入时间虚拟变量，本书的主要结果依然成立。

③ 企业所属行业的划分基于原证监会2012年修订的《上市公司行业分类指引》。制造业企业众多，按门类划分；其余行业企业按大类划分，因此样本中一共46个行业分类（去除了金融行业）。

④ 这个比例在很多公司金融的文献中也被用来衡量企业的资本结构，例如 Frank 和 Goyal（2009），Keefe 和 Yaghoubi（2016），Daskalakis 等（2017）和 Wang 等（2019）。

不是使用债务种类覆盖更广泛的企业总负债指标，例如杠杆率等①。同时，在后续研究中，我们还将企业的银行总借贷比率细分为长期借贷比率 *longDebtRatio* 和短期借贷比率 *shortDebtRatio*，分别定义为企业从银行的长期借款占总资产的比例和企业从银行的短期借款占总资产的比例。此外，参考 Rajan 和 Zingales（1995）、Hanousek 和 Shamshur（2011）等相关文献，我们构建了 *DebtRatio* 的替代性指标 *TD*，为企业的银行借款占银行借款与企业权益之和的比重。这个指标从分母中排除了银行借贷之外的其他企业负债项目的影响，能比较好地反映企业的银行负债杠杆情况。由于非金融企业不在宏观审慎监管的直接监管范围内，所以它们对银行融资的需求不太可能会直接受到宏观审慎政策的影响。况且，我们也对可能影响企业的银行融资需求的企业层面的特征变量进行了控制（下面会进行详细介绍）。因此，回归结果中宏观审慎政策变量的系数反映的是受到宏观审慎政策影响的银行对企业的信贷供给调整，从而影响了企业从银行的借贷水平。

与第 4 章的研究保持一致，我们同样基于 Alam 等（2019）整理的宏观审慎政策数据构建我国的宏观审慎政策指数 *MaPP*。与现有的其他数据来源相比，Alam 等（2019）整理的宏观审慎政策定义更清晰，底层的数据来源更多样、更权威，覆盖的宏观审慎政策工具也更丰富，样本时间跨度也更长。Alam 等（2019）提供的宏观审慎政策数据是基于现有文献中通行的虚拟变量式（Dummy－type）的指数，即对每个紧缩的宏观审慎政策赋值为 1；对每个宽松的宏观审慎政策赋值为－1；而对中性的宏观审慎政策或无政策变化时赋值为 0。同样地，由于无法确定宏观审慎政策对不同作用对象产生约束力的具体时点，也难以判断其效应的持续性，加之宏观政策效果的实现普遍具有一定的滞后（Akinci and Olmstead－Rumsey，2018），我们参考相关文献中的做法将 *MaPP* 定义为从样本起始年份到当前年份宏观审慎政策的累计值（Zhang and Zoli，2014；Cerutti et al.，2017a；Akinci and Olmstead－Rumsey，2018；Meuleman and Vander Vennet，2020；黄继承等，2020；祁敬宇和刘莹，2021；马勇和姚驰，2021）。*MaPP* 的数值越大，代表紧缩的宏观

① 企业的总负债或杠杆率指标不仅包括了企业对银行的负债，还包括企业在经营过程中对其上下游的应付账款、预收账款、对员工的应付薪酬以及应付税款等项目，因此不能准确地反映企业从银行的贷款情况。

审慎政策实施越多，一定程度上反映了宏观审慎监管的强度。同时，基于宏观审慎政策累计指数的估计结果也能很好地反映宏观审慎监管的长期有效性。

在模型中，遵从相关文献（Frank and Goyal，2009；曾海舰和苏冬蔚，2010；Gungoraydinoglu and Öztekin，2011；等），我们控制了一系列可能会影响企业对银行信贷需求的企业特征变量 *FirmChar*。首先，我们控制了企业的规模 lnasset，即企业总资产的自然对数。一般而言，规模越大的企业需要更多的资金支持其运营，其通过银行的融资需求也会更高。其次，我们在回归中加入了企业的盈利性指标 ROA，即企业的资产收益率。企业的盈利能力越强，其产生的内部资金越丰富，而内部资金对银行借贷有一定的替代作用，可能会导致拥有较高盈利能力的企业对银行借贷的需求较低。再次，企业的成长性也可能会影响其融资需求，拥有高增长机会的企业可能会有更大的动力寻求银行借款，以支撑其高速增长（Michaelas et al.，1999）。所以我们控制了反映企业成长机会的 TobinQ，为企业市值与账面总资产价值之比。企业的有形资产比例 Tang，即企业的固定资产占总资产的比重，衡量了企业获得银行贷款的抵押担保能力。当企业的固定资产比重较高时，企业的抵押品充足，更容易向银行申请借款（Almeida and Campello，2007）。模型中还控制了企业的经营活动现金流情况 OCFR，即企业的净经营活动现金流与总资产的比例。当企业经营状况越好，经营活动现金流越充沛，企业对外部银行融资的需求会降低。另外，根据权衡理论（Trade－off theory），非债务税盾 NDTS，即累计折旧占总资产的比例，也会影响企业寻求外部负债的动机。当企业的非债务税盾越高，企业通过增加外部负债而寻求债务利息税务减免的动机则越低（DeAngelo and Masulis，1980）。企业的盈利波动性 sdROA，用 ROA 的三年滚动标准差代表，也在模型中得到了控制。企业的盈利波动性反映了企业的整体风险，会对企业的外部负债能力和融资活动造成影响。最后，我们还在回归中控制了股权集中度指标，以企业第一大股东的持股比例衡量。这个指标能一定程度上反映企业的内部治理情况，从而可能影响企业的外部融资活动。

此外，为了控制一些宏观层面因素的潜在影响，我们在回归中包含了 GDP 实际增长率、通货膨胀率以及货币政策指标。在模型中加入 GDP 实际增长率和通货膨胀率是为了控制外部宏观经济和宏观价格环境可能对企业的银行融资产生的影响。特别地，由于我国各地区之间发展差异较大，为了考虑地区性的冲击对企业银行融资的影响，我们采用的是企业注册地所在省份的实际 GDP 增长率和通货膨胀率。实际上省份层面的经济增长和价格情况与对应的全国层面的变量相关性比较高，但省份层面的变量不仅随时间变化还随省份而变化，提供了更多的信息①。从逻辑上来看，较高的经济增长和通货膨胀说明实体经济发展良好，此时企业的投融资行为也更活跃。另外，货币政策也会对企业的外部融资环境产生影响，从而可能影响企业的银行融资水平。参考陆正飞和杨德明（2011）、钟凯等（2016），我们采用 M2 增长率超出 GDP 增长率和 CPI 增长率的部分（MP）来衡量货币政策的态势。MP 值越大则表示货币政策越宽松；反之，货币政策则趋于收紧。表 5.1 对研究中主要变量的计算和数据来源进行了详细的说明。

表 5.1　　　　主要变量介绍

变量名称	变量说明	数据来源
DebtRatio	企业对银行的总负债占其总资产的比例，反映企业从银行的融资情况。	CSMAR
shortDebtRatio	企业对银行的短期负债占其总资产的比例，反映企业从银行的短期融资情况。	CSMAR
longDebtRatio	企业对银行的长期负债占其总资产的比例，反映企业从银行的长期融资情况。	CSMAR
MaPP	基于 Alam 等（2019）提供的 iMaPP 宏观审慎政策数据构建的我国宏观审慎政策指标。	Alam 等（2019）
lnAsset	企业规模指标，为企业总资产的自然对数。	CSMAR
ROA	企业的资产回报率，反映企业的盈利能力。	CSMAR
TobinQ	企业成长机会指标，为企业市值与账面总资产价值之比。	CSMAR
Tang	企业的有形资产比例，为固定资产净值与总资产的比例。	CSMAR
OCFR	企业的净经营活动现金流与总资产之比，反映企业的流动性情况。	CSMAR
NDTS	非债务税盾，为企业的累计折旧与总资产的比例。	CSMAR
sdROA	企业的盈利波动性，即其资产收益率的三年滚动标准差，反映企业的风险。	CSMAR
shareRatio	第一大股东持股比例，反映股权集中度（%）。	CSMAR
MP	货币政策指标，（M2 增长率 - GDP 增长率 - CPI 增长率）。	CEIC
GDPgr	衡量宏观经济状况，省份层面 GDP 的实际增长率。	CEIC
Inflation	各省份通货膨胀变量，反映宏观价格信息。	CEIC

① 我们也尝试过采用国家层面的宏观变量数据，结果发现研究的主要结论依然成立。

5.2.4 描述性统计

主要变量的描述性统计情况如表 5.2 所示。可以看到，样本企业的平均银行负债率为 0.200，表明平均来看企业从银行的借款占其总资产的 20%左右。较大的标准差（0.129）表明企业之间银行负债水平的差异较大，同时 DebtRatio 的最小值趋于 0，而最大值达到了 0.535。按照银行借款的期限结构来看，样本企业的短期银行借贷率 shortDebtRatio 均值为 0.136，而长期银行负债率 longDebtRatio 均值仅为 0.063，说明企业对银行的短期负债更多。同样地，这两个负债指标的标准差均较大，表明其分布也比较分散。我国的宏观审慎政策指标 MaPP 在样本期间的均值为正（31.11），说明总体来看紧缩的宏观审慎政策实施次数大于宽松的宏观审慎政策的实施次数。而最小值为 -3 则表示在某一时点，宽松的宏观审慎政策也占据过主导。特别地，在此次全球金融危机之后，监管部门出台了较多的宽松型宏观审慎政策。此外，MaPP 的标准差也相对较大，代表在样本期间宏观审慎政策的实施情况变动较大，这也与监管部门对宏观审慎政策的重视程度随时间的变化相关。例如，在 2000~2006 年，我国总共实施了 12 次宏观审慎政策，而仅在 2007 年和 2008 年就分别实施了 13 次和 12 次（Alam et al.，2019）。基于企业层面特征变量的描述性统计可以看到，企业之间的各项指标差异均较大。在样本期间，省份层面的 GDP 实际增长率平均为 10.8%，通货膨胀率均值为 2%。货币政策指标的均值为 0.041，说明在样本期间货币政策总体上处于相对宽松的态势。而其最小值为 -0.023 则表明期间货币政策也存在较为紧缩的时点。

表 5.2 主要变量的描述性统计

变量	样本量	均值	标准差	最小值	中位数	最大值
DebtRatio	13522	0.200	0.129	4.69e-06	0.188	0.535
shortDebtRatio	13522	0.136	0.105	4.91e-06	0.118	0.426
longDebtRatio	13522	0.063	0.085	6.55e-07	0.029	0.377
MaPP	13522	31.11	25.99	-3	27	69

续表

变量	样本量	均值	标准差	最小值	中位数	最大值
lnAsset	13522	22.20	1.265	19.74	22.00	25.92
ROA	13522	0.038	0.042	-0.129	0.033	0.193
TobinQ	13522	1.750	0.916	0.909	1.444	6.681
Tang	13522	0.265	0.176	0.004	0.234	0.734
OCFR	13522	0.047	0.069	-0.152	0.047	0.246
NDTS	13522	0.136	0.113	0.002	0.106	0.558
sdROA	13522	0.019	0.022	0.001	0.012	0.156
shareRatio	13522	36.32	15.28	9.120	34.26	75.40
MP	13522	0.041	0.048	-0.023	0.031	0.197
GDPgr	13522	0.108	0.029	0.068	0.104	0.149
Inflation	13522	0.020	0.020	-0.02	0.023	0.056

5.3 宏观审慎政策与企业的银行融资的基准回归结果分析与稳健性检验

5.3.1 宏观审慎政策与企业的银行融资的基准回归结果分析

表5.3列示了我们的基准回归结果。为了与基于非条件分位数方法得到的结果进行对比，我们首先采用固定效应回归进行基准设定的估计，结果如第（1）列所示。可以看到，宏观审慎政策变量的系数为-0.0015，并且高度显著。这个结果表明，平均来看宏观审慎政策的收紧会导致企业的银行借贷水平的降低。而从影响程度来看，宏观审慎政策变量一个标准差的增加（25.99）会导致企业的银行借贷率平均降低大约3.9个百分点（-0.0015×25.99）。然而，如前所述，基于固定效应估计的结果仅能反映宏观审慎政策对企业的银行借贷情况的总体影响，无法对基于企业的银行借贷分布进行差异性影响的估计。

表 5.3　　宏观审慎政策对企业的银行借贷率的影响：基准回归结果

被解释变量	(1)	(2)	(3)	(4)	(5)	(6)	(7)	(8)	(9)
DebtRatio	FE	p1	p5	p15	p50	p65	p85	p95	p99
MaPP	-0.0015***	-0.0002*	-0.0006***	-0.0012***	-0.0022***	-0.0019***	-0.0017***	-0.0008	0.0002
	(0.000)	(0.086)	(0.000)	(0.000)	(0.000)	(0.000)	(0.000)	(0.177)	(0.728)
lnasset	0.0287***	0.0016	0.0132***	0.0268***	0.0395***	0.0398***	0.0273**	0.0043	-0.0014
	(0.000)	(0.405)	(0.000)	(0.000)	(0.000)	(0.000)	(0.014)	(0.770)	(0.918)
ROA	-0.4138***	-0.0354**	-0.0978**	-0.2424***	-0.4392***	-0.4363***	-0.5793***	-0.7653***	-0.4113**
	(0.000)	(0.012)	(0.022)	(0.000)	(0.000)	(0.000)	(0.000)	(0.000)	(0.030)
TobinQ	0.0007	-0.0007	0.0002	0.0019	-0.0011	0.0018	0.0036	0.0047	0.0062*
	(0.571)	(0.583)	(0.908)	(0.426)	(0.630)	(0.406)	(0.283)	(0.200)	(0.074)
Tang	0.0555***	-0.0079	0.0078	0.0471***	0.0700***	0.0942***	0.0341	-0.0352	0.0173
	(0.010)	(0.238)	(0.491)	(0.007)	(0.006)	(0.005)	(0.551)	(0.498)	(0.680)
OCFR	-0.1614***	-0.0146	-0.0352**	-0.0949***	-0.1804***	-0.2163***	-0.1549***	-0.1559**	-0.1434**
	(0.000)	(0.199)	(0.012)	(0.000)	(0.000)	(0.000)	(0.000)	(0.024)	(0.018)
NDTS	-0.1194***	0.0011	0.0040	0.0049	-0.1586***	-0.2219***	-0.1836***	-0.2464***	-0.1423
	(0.000)	(0.883)	(0.804)	(0.873)	(0.002)	(0.000)	(0.009)	(0.008)	(0.304)
sdROA	-0.2136***	0.0332	-0.0322	-0.2249***	-0.2135**	-0.2457**	-0.2487*	-0.2837	-0.0536
	(0.001)	(0.138)	(0.512)	(0.002)	(0.030)	(0.019)	(0.084)	(0.135)	(0.649)

续表

被解释变量 DebtRatio	(1)	(2)	(3)	(4)	(5)	(6)	(7)	(8)	(9)
	FE	p1	p5	p15	p50	p65	p85	p95	p99
shareRatio	-0.0001 (0.621)	0.0001 (0.547)	-0.0000 (0.971)	-0.0004 (0.208)	-0.0004 (0.106)	-0.0001 (0.752)	0.0003 (0.425)	0.0001 (0.941)	0.0009 (0.262)
GDPgr	0.1521** (0.033)	-0.0101 (0.794)	0.0032 (0.936)	0.0144 (0.842)	-0.0094 (0.915)	0.2857** (0.027)	0.2930* (0.095)	0.3014 (0.230)	0.5188 (0.165)
Inflation	0.3868*** (0.003)	0.0313 (0.521)	0.1137 (0.143)	0.1728 (0.149)	0.2942 (0.114)	0.4142** (0.043)	0.5952*** (0.010)	1.0903** (0.015)	0.5622 (0.405)
MP	0.0389 (0.307)	-0.0029 (0.797)	-0.0284 (0.165)	-0.0600* (0.091)	-0.0230 (0.616)	0.0439 (0.438)	0.1201 (0.167)	0.3805** (0.017)	0.3077 (0.143)
constant	-0.3642*** (0.004)	-0.0240 (0.622)	-0.2539*** (0.000)	-0.4722*** (0.000)	-0.5472*** (0.000)	-0.5590*** (0.000)	-0.2053 (0.401)	0.3813 (0.275)	0.4878 (0.149)
企业 FE	Yes	Yes	Yes	Yes	Yes	Yes	Yes	Yes	Yes
行业 FE	Yes	Yes	Yes	Yes	Yes	Yes	Yes	Yes	Yes
N	13522	13522	13522	13522	13522	13522	13522	13522	13522
adjusted R^2	0.6729	0.3246	0.3983	0.4738	0.5085	0.4837	0.4100	0.3538	0.3155

注：变量估计系数的下方（）内为相应的 p 值；*、**、*** 则分别表示在 10%、5%、1% 的显著性水平下显著。本章的后续表格均相同。

因此，我们接下来采用非条件分位数回归对基准模型进行了估计，第（2）—(9）列展示了在被解释变量分布的一些常规分位点的估计结果。为了对宏观审慎政策影响的变化过程有一个大概的了解，我们分别在被解释变量分布的两端进行了考察，即银行借贷率较低的 0.01、0.05 和 0.15 分位数位置以及银行借贷率较高的 0.65、0.85、0.95 以及 0.99 分位数位置。我们发现，在较低分位数时，宏观审慎政策的影响虽然也显著为负，但影响程度较小，在 0.01 分位数位置时 MaPP 的系数仅为 -0.0002。而随着分位数的上升，MaPP 系数的绝对值也逐渐增大，表明紧缩宏观审慎政策对企业银行融资的负面影响逐渐增强，到 0.5 分位数时其系数达到了 -0.0022。然而，当分位数继续增加时，宏观审慎政策的影响出现了下降的趋势，到 0.85 分位数位置，MaPP 的系数降至 -0.0017，但仍然显著。而在 0.95 和 0.99 分位数时 MaPP 的结果已经失去了显著性。总体而言，基于非条件分位数回归的结果表明宏观审慎政策对企业银行借贷水平的影响确实存在非线性的关系，表现出“U”形关系。具体来看，刚开始宏观审慎政策对企业的银行融资水平的影响随着银行借贷率分位数的上升而增大，直到分布的中位数位置左右效应达到最大。随后，随着银行借贷率分位数的继续上升，宏观审慎政策的影响反而逐渐减小，直至不显著。换言之，当受到紧缩的宏观审慎政策冲击时，银行对在银行借贷水平较低的企业的信贷收缩较小，而对银行借贷水平中等的企业信贷收缩力度更大，但可能出于风险控制或政府指导的考虑，对银行借贷水平最高的那部分企业的信贷收缩力度反而更小。

一些控制变量也得到了显著的结果，由于我们主要关注宏观审慎变量的结果，对控制变量的相关结果我们这里仅做一个简要的分析。首先，控制变量中，企业规模与企业的银行借贷率显著正相关，说明总体上规模越大的企业对银行贷款的需求也更大。但这个关系在被解释变量分布的两端并不成立，即对在银行融资水平很低以及很高两类企业，企业规模不会对其后续银行融资产生显著的影响。其次，当企业的盈利能力越强、经营现金流越充沛时，企业的银行融资水平越低。这个结果与优序融资理论（Pecking order theory）一致，即内外部的信息不对称导致企业的内源性融资成本比外部融资成本更低，从而当企业的内部资金充足时，企业寻求外部融资的动机将降低。再次，当企业的有形资产比例越高，则其抵押物越充足，银行借贷水平也更高；而企业的非债务税盾越大，企业通过银行借贷进行避税的动力越弱，因而其银行借贷水平更低。最后，很符合直觉地，企业的盈利波动性会对企业的银行融资产生负面的影响；而当宏观经济情况较好时，企业从银行得到的贷款更多。

为了对宏观审慎政策影响企业的银行融资水平的模式有一个更加全面的把握，我们将基准回归设置在企业的银行借贷率分布的每一个分位数上进行估计，即从0.01分位数到0.99分位数进行了99次非条件分位数回归。我们将回归得到的宏观审慎政策变量的系数进行汇总作图，如图5.1所示。我们将99次非条件分位数回归得到的宏观审慎政策变量的估计系数用黑色实线连接起来，同时用短虚线描述了估计系数对应的95%置信区间。为了进行对比，我们也将固定效应估计得到的系数在图中进行了展示，以水平虚线表示。跟之前表格的结果展示相比，图5.1中展示的结果更加丰富，能够更清晰地反映宏观审慎政策对企业的银行借贷情况的影响是如何随着企业的银行借贷率分布的分位数而变化的。

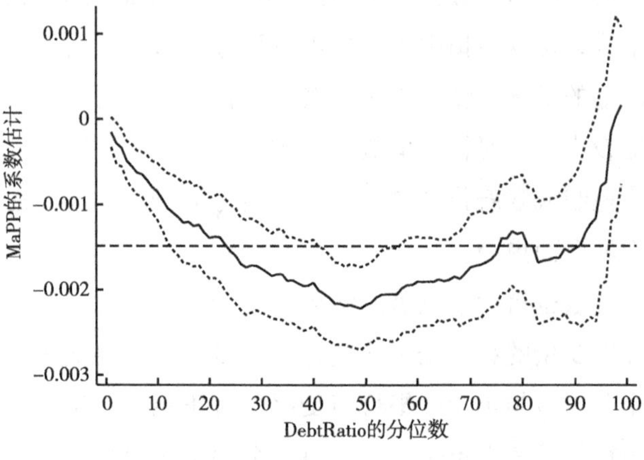

图5.1 宏观审慎政策对企业的银行借贷率的影响

注：图5.1的横坐标为企业的银行借贷率DebtRatio分布的分位数，纵坐标为对应回归中宏观审慎政策变量MaPP的系数。图中的水平虚线为基于固定效应回归估计的MaPP的系数；黑色实线表示的是基于非条件分位数回归在DebtRatio不同分位数上对应的MaPP的系数估计，同时实线两旁的短虚线为估计系数所对应的95%置信区间。

图5.1丰富了表5.3的结果，并且更加直观地进行了呈现。可以看到，随着企业的银行借贷率DebtRatio分布的分位数的逐渐上升，宏观审慎政策变量的估计系数表现出一个“U”形的形状。在较低分位数区间，紧缩宏观审慎政策对企业的银行借贷率的负向影响逐渐增大①；但当分位数较高时，宏观审慎政策的影响力度反而逐渐降低。详细来看，宏观审慎政策对企业银行融资的抑制效应从0.01分位数时的 -0.0002 增长到了0.49分位数时的 -0.0022。而从0.5分位数到0.7分位数区间，宏观审慎政策效应的变化较为缓慢，呈逐渐减弱的趋势。随着DebtRatio分位数的继续增大，宏观审慎政策的影响显著下降，直到0.94分位数MaPP的估计系数变得不再显著。从影响程度来看，对银行负债率处于0.49分位数位置的企业来说，宏观审慎政策收紧一个标准差会对其银行借贷率造成约6.84个百分点（-0.0022×31.11）的降低。相比而言，基于固定效应估计的结果对基于非条件分位数估计得到的宏观审慎政策的最大影响有严重的低估，后者约为前者的1.75倍。

我们的基准回归结果证实了宏观审慎政策与企业的银行融资水平之间的非线性关系，当银行的信贷供给受到紧缩宏观审慎政策的限制时，银行对具有不同银行借贷率的企业的信贷调整行为存在异质性。银行可能首先会选择现存银行贷款水平较高的企业进行信贷削减，因而宏观审慎政策的效应随着企业的银行借贷率分布的分位数增高而增强。这样就使中等银行负债程度企业的银行借贷受到的负向影响相比于银行负债程度更低的企业更大。但是，银行对大幅削减高银行借贷水平企业的信贷供给的动机不强。一方面，大幅削减此类企业的信贷供给可能更容易导致其流动性出现问题，加大其陷入财务危机的概率，从而最终导致银行的贷款损失；另一方面，银行也可能受到政府基于经济增长和就业等方面考虑的相关指导，使银行的信贷调整决策不仅是基于银行的利益最大化，也可能承担了一定的社会责任。因此，当企业的银行借贷率超过一定的分位数时，宏观审慎政策的负向影响反而逐渐降低，即银行借贷率较高的那类企业受到的信贷削减的影响反而越小，对银行负债率特别高的那部分企业宏观审慎政策的

---

① 宏观审慎政策负向影响的增强表现在估计系数上则为系数绝对值的增大。

作用甚至变得不再显著。

5.3.2 宏观审慎政策与企业的银行融资的稳健性检验

在这个部分，我们做了一系列的稳健性检验，以证实基准回归中结论的稳定性。第一，我们采用了替代性的被解释变量，即企业的银行借贷情况指标 TD。如变量介绍部分所说，TD 进一步剔除了指标分母中企业其他负债项目的影响，也是公司金融文献中常用的杠杆率衡量指标（例如，Rajan and Zingales，1995；Huang and Song，2006；Hanousek and Shamshur，2011）。使用 TD 所得的结果如图 5.2 的 Panel A 所示，与基准回归的结果类似：宏观审慎政策对企业的银行借贷率的影响呈“U”形，宏观审慎政策的信贷抑制效果在 0.43 分位数左右达到最大，在此之前其影响呈逐渐增大的趋势，而在此之后其影响逐渐减弱，并在 0.92 及以上的分位数位置失去了显著性。

第二，我们参考相关文献的做法（Frank and Goyal，2009；Keefe and Yaghoubi，2016；Daskalakis et al.，2017；Wang et al.，2019），使用总资产的市场价值（market value）作为被解释变量的分母计算得到另一替代性的被解释变量 DebtRatio2。回归结果如图 5.2 的 Panel B 所示，我们仍然得到了与基准结果类似的“U”形关系，只是宏观审慎政策在 DebtRatio2 的不同分位数的具体表现存在一些差别：在 0.7 分位数之前，宏观审慎政策对企业杠杆率的影响变化更加剧烈，随着分位数的增大其负向影响显著增加；而在 0.7 ~ 0.95 的分位数区间，宏观审慎政策的作用变化比较缓慢，其对企业的银行融资杠杆率在 0.9 分位数附近达到最大值；随后宏观审慎政策对 DebtRatio2 的降低作用又迅速降低，但其效应始终保持显著。整体来看，使用总资产市值计算的企业借贷指标带来的结果波动似乎更大，这也与市场价值相对账面价值拥有更高的波动性相关，市场价值能够随时根据新的信息而调整，但是也可能受到一些企业经营之外的噪声的影响，稳定性相对较差。

第三，由于准备金要求（reserve requirements）被同时用作货币政策工具和宏观审慎政策工具，我们在识别具有宏观审慎性质的准备金要求的过程中，可能会遇到不能将其与货币政策进行清晰区分的情况（Alam et al.，2019）。所以，我们使用去除准备金要求的宏观审慎政策指标 MaPP_nRR 进行了稳健性检验，结果如图 5.2 的 Panel C 所示。即使我们去除了准备金要求工具的影响，依然发现了宏观审慎政策与企业的银行借贷率之间的“U”形关系，支持了基准回归结果。

第四，我们采用了基于不同宏观审慎政策数据来源的我国宏观审慎政策的替代性指标。不同来源的宏观审慎政策数据其底层信息来源不同，信息的处理方式（包括对宏观审慎政策的识别）也有可能不一致，因而可能会从不同的视角反映出宏观审慎政策的强度和方向等信息。这里我们基于三个相关文献中常用的数据来源创建了新的我国宏观审慎政策指标，MPI 是基于 Cerutti 等（2017a）整理的跨国宏观审慎数据，其统计的是各个国家采用宏观审慎政策工具的种类数量，而不是统计具体宏观审慎政策的出台数量，同时也不区分宏观审慎政策实施的方向；Pru 是基于 Cerutti 等（2017b）整理的跨国审慎数据，对该政策到底是宏观审慎政策还是微观审慎政策不进行区分，考察的是审慎政策的出台数量，并区分审慎政策的方向属于紧缩还是宽松；MPP 则是基于 Klingelhöfer 和 Sun（2019）通过对我国央行的货币政策执行报告进行文本分析，梳理识别出来的我国宏观审慎政策数据。相关结果分别展示在图 5.2 的 Panel D、Panel E、Panel F。很容易看出，在这几种情形中基准回归得到的“U”形结果依然成立，并且宏观审慎政策均在企业银行借贷率的 0.4～0.6 分位数区间内达到影响强度的最大化。进一步地从宏观审慎变量系数的大小来看，与基准结果相比，使用 Cerutti 等（2017a）和 Cerutti 等（2017b）数据的系数绝对值更大，而采用 Klingelhöfer 和 Sun（2019）数据的系数绝对值稍小；并且 MPP 的系数变化更加平缓。这里稳健性检验结果与基准结果之间的相似和差别佐证了这个检验本身的合理性——不同数据来源提供的信息既具有一致性也存在差异，同时也说明我们的主要结论对宏观审慎政策的识别和构建方式敏感性不强。

第五，由于 2007 年 1 月 1 日起上市公司开始实施财政部颁布的新的会计准则和审计准则，并且在 2007 年之后我国宏观审慎政策的出台更加频繁，所以我们将样本区间缩短至 2007～2018 年进行了稳健性检验。结果如 Panel G 所示，与我们的主要结论一致。

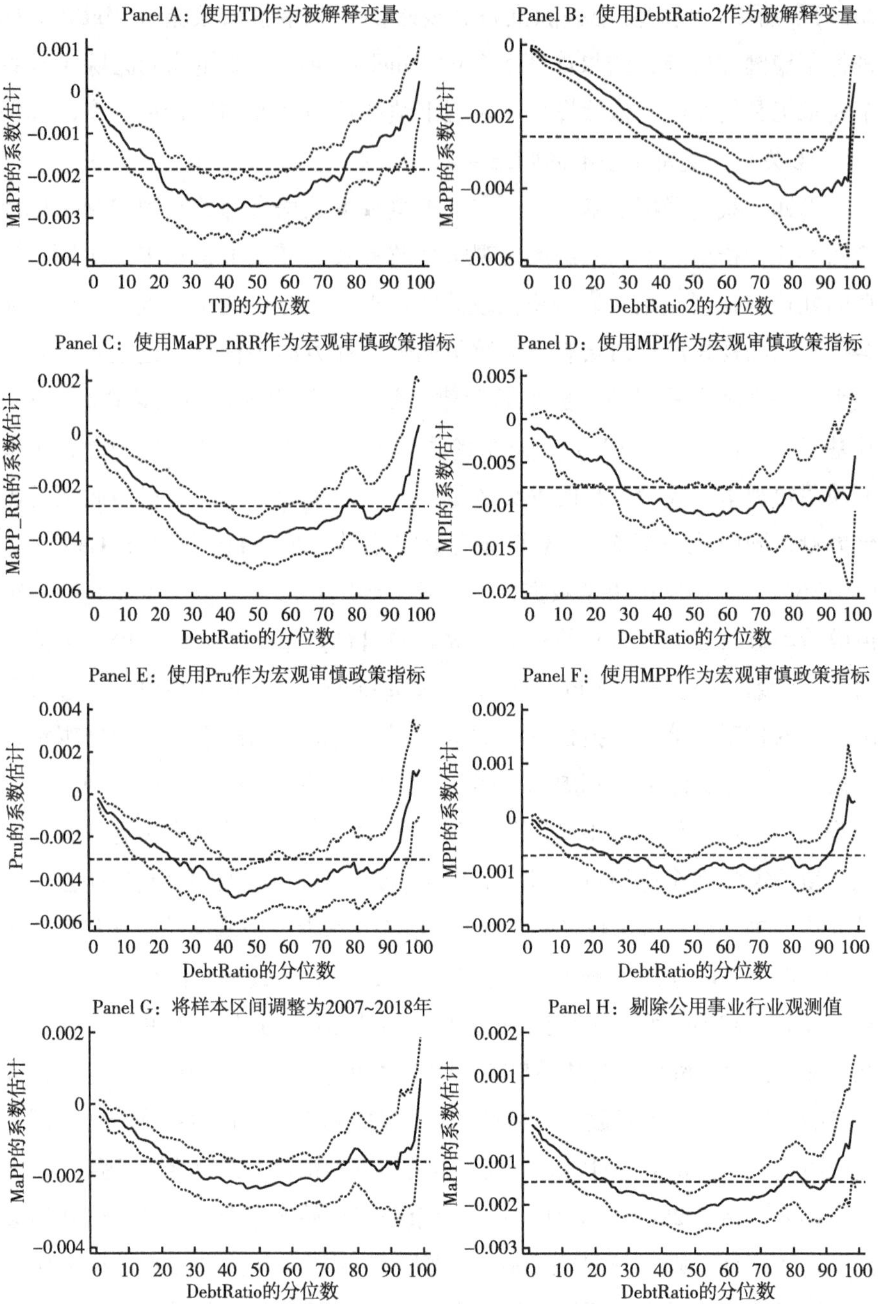

Panel I：控制2008~2009年全球金融危机的影响　　Panel J：剔除当期宏观审慎政策的影响

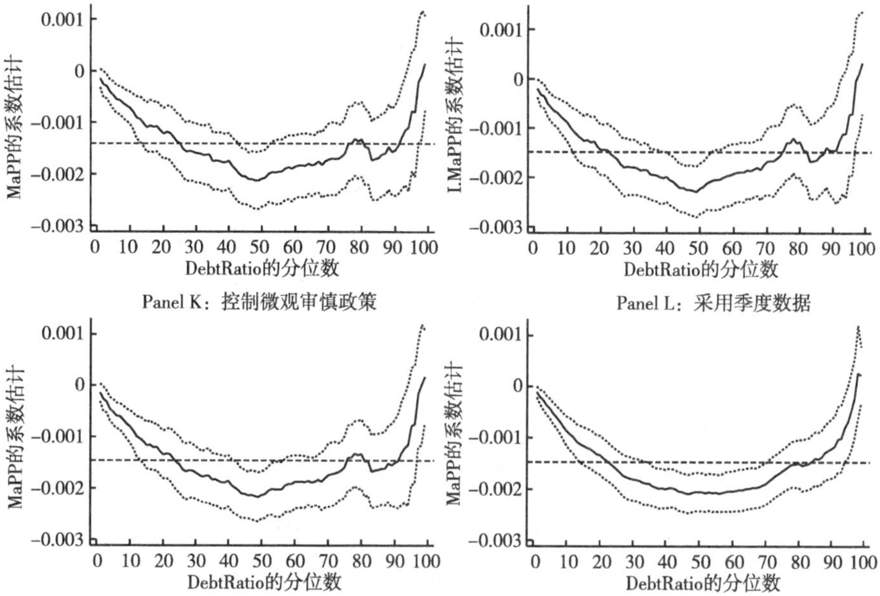

图 5.2　宏观审慎政策对企业的银行借贷率的影响：稳健性检验

注：图 5.2 中各分图的横坐标为企业的银行借贷率指标分布的分位数，纵坐标为宏观审慎政策变量的系数。各分图中的水平虚线为基于固定效应回归估计的宏观审慎政策变量的系数；黑色实线表示的是基于非条件分位数回归的企业的银行借贷率在不同分位数所对应的宏观审慎政策变量的系数估计，同时实线两旁的短虚线为估计系数所对应的95%置信区间。

第六，鉴于公用事业相关行业的特殊性，其面临的经营环境和政府监管与一般行业不同，参考 Choi 和 Kim（2005）、Zhang 等（2015）的实践，我们在样本中剔除此类行业①进行了检验。相关结果如 Panel H 所示，我们的主要结果依然成立。

第七，在 2008 ~ 2009 年全球金融危机期间，经济下滑风险增大、金融系统流动性稀缺，企业的外部经营环境和融资环境都急剧恶化，为了更好地识别宏观审慎政策的影响，我们参考 Laeven 和 Valencia（2012）、Duchin 等（2010）、邓路等（2016）的做法创建了金融危机虚拟变量②以控制金

① 公用事业相关行业具体包括：电力、热力、燃气及水生产和供应业以及水利、环境和公共设施管理业。

② 具体地，全球金融危机虚拟变量在 2008 年和 2009 年取 1，其他年份取 0。

融危机的潜在影响。宏观审慎政策指数的非条件分位数回归结果如 Panel I 所示，其对企业的银行借贷的抑制效应依然表现为“U”形。

第八，虽然宏观审慎政策的制定和实施是基于金融体系的系统性风险，对于微观企业层面的研究来说不存在内生性问题，但我们仍然尝试了在宏观审慎政策指数中剔除当期宏观审慎政策，以观察所得结果是否产生变化。检验结果如 Panel J 所示，我们的基准回归结论依然稳健。

第九，由于宏观审慎政策与微观审慎政策存在可能的关联性，为了更好地识别出宏观审慎政策对企业银行信贷的影响，我们进一步控制了微观审慎政策指标。我们采用来自“Bank Regulation and Supervision Survey”的调查信息（Barth et al.，2004，2008，2013），参考现有文献的常规做法（例如，Barth et al.，2004）构建了微观审慎政策指标，主要包括以下四个方面的监管政策：银行经营活动的多样性（the activity mix of banks）、对银行资本充足率的要求（the requirements on capital adequacy）、监管部门介入银行经营的权威性（the authority of supervisors to intervene the operations of banks）以及市场约束的强度（the strength of the market discipline）。相关结果如 Panel K 所示，宏观审慎政策与企业的银行信贷之间存在的“U”形关系仍然成立。

第十，作为一种宏观监管政策，宏观审慎政策的调整频率相对而言并不高，并且其影响的体现可能存在一定的时滞，因此我们在基准分析中采用相关研究中常用的年度数据。这里我们使用更高频率的季度数据来考察基础结果的稳健性，结果如 Panel L 所示，与基准回归结论大体保持一致。特别地，当数据的频率更高时，我们得到的“U”形图像更加光滑，相邻分位数区间的波动性有一定程度的降低，也侧面反映了宏观审慎政策调整的频率不高以及其效应的发挥需要一定的时间。

5.4 扩展分析

前面的基准回归分析证实了紧缩的宏观审慎政策抑制企业的银行融资水平的有效性，并且发现宏观审慎政策与企业的银行借贷水平之间的关系非线性，表现出“U”形特征。在这个部分，我们主要从以下3个方面对我们的研究进行进一步扩展：（1）宏观审慎政策对企业的短期银行负债和长期银行负债的影响是否存在差异？（2）具有不同特征的宏观审慎政策工具，例如，直接作用目标或中间目标不同的宏观审慎政策工具、宽松和紧缩的宏观审慎政策，其有效性是否会有不同？（3）宏观审慎政策与企业的银行借贷水平之间的关系是否受到一些企业层面特征的作用，例如，企业的所有权性质、规模以及所属行业等？

5.4.1　宏观审慎政策对企业的短期和长期银行融资的影响

我们首先考察是否宏观审慎政策的有效性会根据企业的银行融资的期限而变化，即企业的短期和长期银行贷款水平在宏观审慎政策变化时是否会产生异质性的变化。企业的短期银行融资是指剩余到期时间小于或等于一年的银行贷款，而长期银行融资则是指剩余到期时间大于一年的银行贷款。从描述性统计部分可以看到，企业的短期和长期银行融资在对企业总体融资的重要程度上存在明显的差异。企业的短期银行借款占其总资产的比例 shortDebtRatio，均值为0.136，而企业的长期银行借款占其总资产的比例 longDebtRatio，均值仅为0.063。也就是说，平均来看，企业的短期银行融资数量是其长期银行融资的约2.16倍。从另一个角度看，在样本企业的银行融资中，平均有将近70%为短期银行借贷。为了考察宏观审慎政策对这两类银行融资影响的差异性，我们将 shortDebtRatio 和 longDebtRatio 分别作为基准回归中的被解释变量。宏观审慎政策变量的相关估计结果展示在图5.3中。

企业的短期银行借贷的相关结果如图5.3的左图所示，我们发现紧缩的宏观审慎政策对企业的短期银行借贷率的负向影响在一个更大的分位数区间保持了持续的增强，即宏观审慎政策变量的系数绝对值逐渐增大。这个效应增强的趋势一直持续到0.75分位数①左右，在这里宏观审慎政策的

① 在0.75分位数位置，企业的银行短期借贷率大概为0.22，将近其均值的两倍。

抑制效应达到了最大。随后随着分位数的继续上升宏观审慎政策的影响转而逐渐减弱，直到0.97分位数及其之后影响变得不再显著。这个结果说明当受到紧缩宏观审慎政策的约束时，银行更有动力对短期借贷水平较高的企业进行短期信贷削减，但对短期银行借贷率很高的企业银行的信贷收缩力度反而更小，特别是对于位于分位数顶端的小部分企业银行并没有对其进行明显的短期信贷收缩。对于短期融资高度依赖银行的企业，银行若大幅降低对它们的短期信贷供给可能会导致其流动性问题，进而提高其贷款违约风险。从而，银行只能对这部分短期银行借贷率很高的企业采取更加温和的措施。

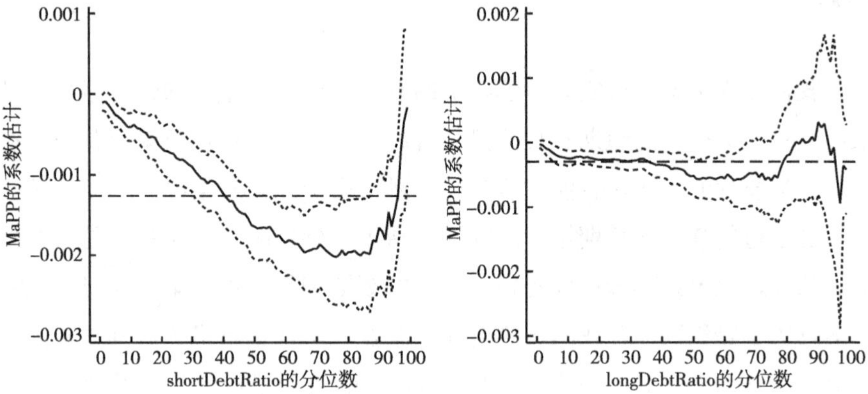

图5.3 宏观审慎政策对企业的短期和长期银行借贷率的影响

注：图5.3的左边为企业的短期银行借贷率作为被解释变量的结果，右边为企业的长期银行借贷率作为被解释变量的结果。各分图的横坐标为相应期限的企业银行借贷率指标的分位数，纵坐标为宏观审慎政策变量的系数。同样地，各分图中的水平虚线为基于固定效应回归估计的宏观审慎政策变量的系数；黑色实线表示的是基于非条件分位数回归的企业的银行借贷率在不同分位数所对应的宏观审慎政策变量的系数估计，同时实线两旁的短虚线为估计系数所对应的95%置信区间。

图5.3的右图展示了企业的长期银行借贷的相关结果。从影响程度来看，宏观审慎政策的收紧对企业的长期银行借贷的抑制作用远小于其对短期银行借贷的影响，前者的平均影响系数为-0.0003，而后者为-0.0013。另外，在企业长期银行借贷的结果中，宏观审慎政策影响的显著分位数区间更窄，即宏观审慎政策大概仅在长期银行借贷率分布的0.05~0.68分位

数区间有显著的影响。具体来看，在 0.5 分位数之前，宏观审慎政策的效应逐渐增强；而在 0.5 ~0.68 分位数区间，宏观审慎政策影响的波动较小，MaPP 的系数维持在 -0.0005 附近。因此，无论从影响大小和作用范围来看，宏观审慎政策对企业的长期银行借款的影响均相对较弱。一个可能的解释是，企业的长期银行贷款一般都有足够的抵押品支撑，而且更可能是基于银行和企业之间的长期合作关系而发放，使其风险相对于短期银行贷款更低。因而，银行在受到紧缩宏观审慎政策的影响而减少信贷供给时，可能会更多地削减其短期银行信贷，而不是长期银行信贷。

5.4.2 不同种类宏观审慎政策工具对企业的银行借贷水平影响的异质性

部分现有相关文献发现不同种类宏观审慎政策工具的有效性存在差异（例如，Ayyagari et al.，2018；Mirzaei et al.，2021；Andrieş et al.，2021；樊明太和叶思晖，2020），因此我们这里也对宏观审慎政策进行分类以考察是否不同组别的宏观审慎政策工具对企业银行借贷的作用存在异质性。这方面的探讨有助于我们更加全面地了解各类别宏观审慎政策的作用，有利于后续更加有针对性地制定宏观审慎监管策略。

首先，参考相关文献的做法（Cerutti et al.，2017a；Fendoğlu，2017；Ayyagari et al.，2018），我们根据宏观审慎政策工具的直接作用对象将其分为两个组别：作用于金融机构的宏观审慎政策（MaPP_FI）和作用于借款人的宏观审慎政策（MaPP_Borrower）①。前者主要是对金融机构的各种活动进行约束，而后者是对借款人的负债行为进行限制。我们用分指数 MaPP_FI 和 MaPP_Borrower 替代基准回归中的总指数 MaPP 进行非条件分位数回归，对应的结果如图 5.4 的 Panel A 所示。Panel A 左侧展示的是直接作用于金融机构的宏观审慎政策的估计结果，Panel A 的右侧则为直接作用于借款人的宏观审慎政策的估计结果。可以看到，我们的基准回归结果主要

① 具体来看，MaPP_FI 包括逆周期资本缓冲、资本留存缓冲、其他资本要求、杠杆率限制、贷款损失准备、贷款增长限制、其他贷款限制、流动性要求、准备金要求和税收工具等；MaPP_Borrower 则包括贷款价值比上限、贷款收入比以及负债收入上限。

由 MaPP_FI 主导。总体来看，直接作用于金融机构的宏观审慎政策与企业的银行借贷率也呈现出“U”形关系：随着银行借贷率分位数的上升，MaPP_FI 的估计系数的绝对值也逐渐增大，即其对企业的银行借贷率的抑制效应逐渐增强，在 0.73 分位数左右达到最大；此后，随着分位数的继续增大，MaPP_FI 的影响反而逐渐减弱，直至不显著。然而，直接作用于借款人的宏观审慎政策（MaPP_Borrower）的影响稍显复杂。在银行借贷率分布的 0.6 分位数之前，MaPP_Borrower 的估计系数均为负，其效应也表现出先增后减的“U”形关系，但仅在 0.05 ~0.35 分位数区间显著为负，即在这个分位数区间作用于借款人的宏观审慎政策对企业的银行借贷的抑制作用显著。在 0.6 分位数之后的区间，MaPP_Borrower 的估计系数转为正，但基本上都不显著。总的来说，在控制了直接作用于金融机构的宏观审慎政策的影响之后，作用于借款人的宏观审慎政策仅在企业银行借贷率较低的一个较窄的分位数区间（0.05 ~0.35）对企业的银行借贷有显著的负向作用。一个可能的原因是，借款人相关的宏观审慎政策主要用于控制借款人的负债杠杆，特别是按揭贷款相关负债，从而抑制房地产价格的快速增长。而当借款人的贷款受到限制时，其对住房等资产的需求相应降低，导致相关行业的经营状况乃至贷款需求也受到影响，从而银行降低了对此类企业的信贷供给。另一个可能的原因是，当借款人的银行贷款需求降低后，银行出于盈利考虑可能将相应的信贷供给转移到其他客户，所以可以看到在较高分位数时 MaPP_Borrower 的估计系数变为正数，但这里的信贷转移效应并不显著。

其次，我们也从另一个角度对宏观审慎政策进行了归类，即基于宏观审慎政策工具的直接目标的不同进行分组研究（Claessens et al.，2013；Altunbas et al.，2018）。根据相关文献，宏观审慎政策可以分为旨在抑制金融系统顺周期性的宏观审慎政策（MaPP_cycle）和旨在提高金融系统抵御负面冲击能力的宏观审慎政策（MaPP_resilience）[①]，前者针对的是系统

① MaPP_resilience 包括逆周期资本缓冲、资本留存缓冲、其他资本要求和杠杆率限制以及流动性覆盖比例等，目的是通过提高资本累积和保持较高的流动性来抵御风险冲击；MaPP_cycle 则包括准备金要求、信贷增长限制、其他贷款限制、LTV、DSTI、贷存比、特定交易相关的税收要求以及动态贷款损失准备、外币贷款限制以及外汇头寸限制，这部分措施大多具有逆周期的调节机制，旨在缓解金融机构的顺周期行为从而抑制系统性风险的累积。

Panel A：直接作用于金融机构VS.直接作用于借款人的宏观审慎政策工具

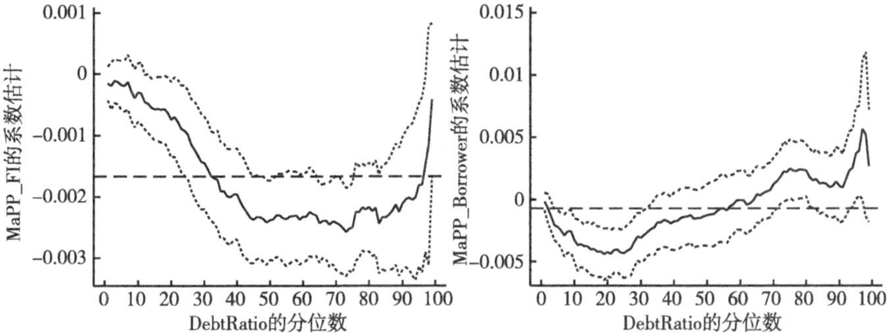

Panel B：提高金融机构抵御冲击能力VS.抑制金融机构行为顺周期性的宏观审慎政策工具

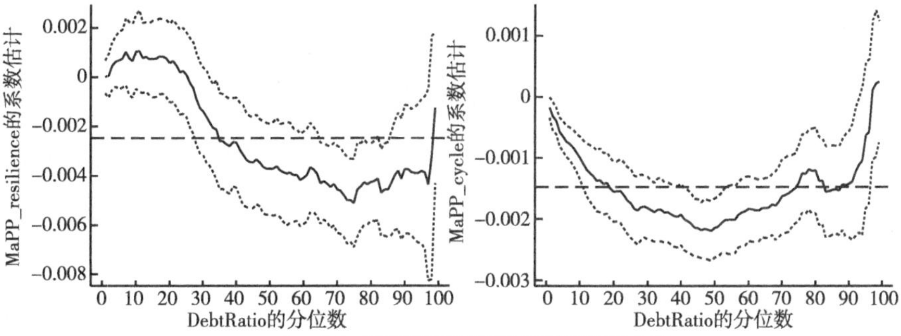

Panel C：基于宏观审慎政策目标的更细分类

资本相关工具（MaPP_capital）VS. 流动性相关工具（MaPP_liquidity）

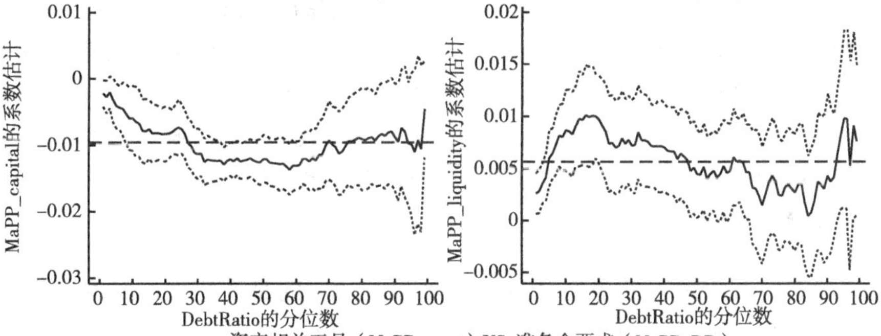

资产相关工具（MaPP_asset）VS. 准备金要求（MaPP_RR）

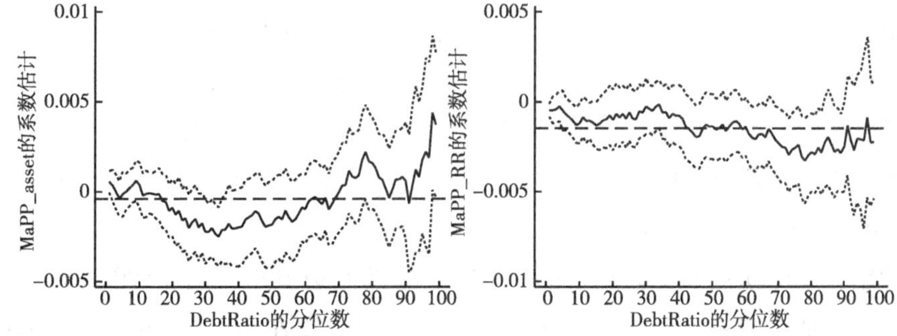

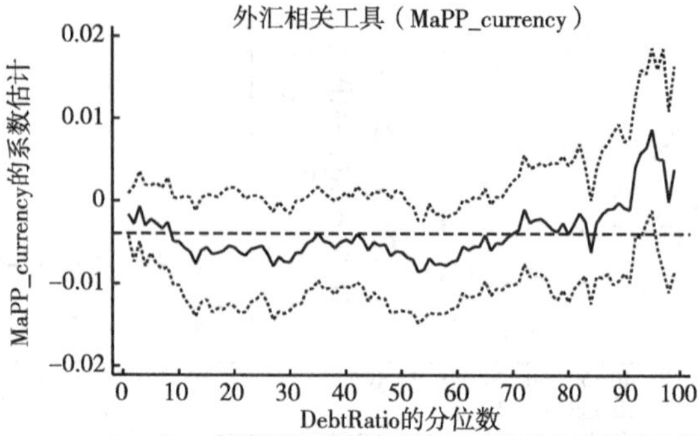

Panel D：紧缩的宏观审慎政策VS.宽松的宏观审慎政策

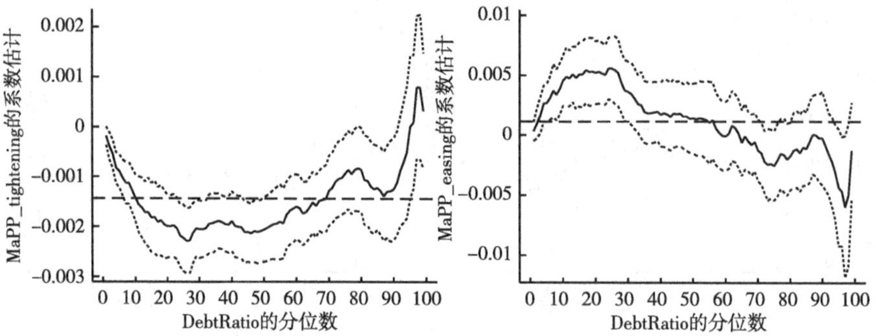

图 5.4　不同种类宏观审慎政策工具对企业的银行借贷影响的异质性

注：图 5.4 的各分图的横坐标为企业的银行借贷率指标分布的分位数，纵坐标为相应的各类别的宏观审慎政策指标的系数。同样地，各分图中的水平虚线为基于固定效应回归估计的各类别宏观审慎政策变量的系数；黑色实线表示的是基于非条件分位数回归的企业的银行借贷率在不同分位数所对应的各类别宏观审慎政策变量的系数估计，同时实线两旁的短虚线为估计系数所对应的 95% 置信区间。

性风险在时间维度上的周期性累积，而后者针对的是系统性风险在横截面维度上的传染性。我们知道，部分宏观审慎政策直接对银行的信贷进行约束，而有些宏观审慎政策则不一定跟银行的信贷行为直接相关，但它们对银行其他指标的约束可能会间接导致银行信贷供给的变化。具有不同直接目标的宏观审慎政策对企业层面的银行融资水平的影响如何、是否存在差异，文献中还缺乏此类探讨。同样地，我们用分类指数 MaPP_resilience 和 MaPP_cycle 替代基准回归中的总指数 MaPP 进行非条件分位数回归，相应的结果如图 5.4 的 Panel B 所示。Panel B 的左边展示的是 MaPP_resilience 的系数估计结果，其右边则为 MaPP_cycle 的系数估计结果，可以明显地看到两个结果都呈现出一定的"U"形关系，后者更为直观。然而，两个类别的宏观审慎政策在影响程度和显著性范围等方面表现出了明显的差异。首先，从影响程度来看，基于固定效应回归的 MaPP_resilience 的系数约为 -0.0025，而 MaPP_cycle 的系数约为 -0.0015，可见前者的平均影响程度更大。可能的原因在于 MaPP_resilience 包含的资本相关和流动性相关的宏观审慎要求对银行的信贷提供能力影响更大，从而相关政策的收紧会导致银行对企业更大的信贷收缩。而 MaPP_cycle 的相关政策可能每次的调整力度较小，也可能是更加容易被银行通过其他渠道而规避，从而其对企业的银行借贷影响程度相对较小。其次，从影响的显著性来看，基于非条件分位数回归的结果，MaPP_resilience 的系数仅在 0.32 ~0.97 的分位数区间显著，在此区间其影响先增后降，在大约 0.75 分位数位置达到最大效应 -0.0051；相对而言，MaPP_cycle 系数的显著区间更大，从 0.01 ~0.94 分位数区间均显著，其影响在此区间内也呈现出先升后降的"U"形趋势，并在 0.49 分位数位置达到最大，此时 MaPP_cycle 的系数为 -0.0022。总体来看，与我们的基准回归结论一致，宏观审慎政策的收紧主要导致银行对中等银行负债程度的企业进行信贷收缩，而对银行借贷水平本身较低以及特别高的企业的影响相对有限。

为了更加深入地考察不同宏观审慎政策工具类别作用的异质性，我们继续基于上述分类标准（MaPP_cycle 和 MaPP_resilience）将宏观审慎政策工具按照其目标进一步细分。同样参考相关文献（Claessens et al.，2013；Altunbas et al.，2018），资本相关的宏观审慎政策（MaPP_capital）和流动性相关的宏观审慎政策（MaPP_liquidity）为 MaPP_resilience 的组成部分，而 MaPP_cycle 进一步划分为资产相关的宏观审慎工具（MaPP_asset）、准备金要求（MaPP_RR）和外汇相关的宏观审慎政策（MaPP_currency）[①]。回归结果如图 5.4 的 Panel C 所示，可以看到宏观审慎政策工具的细分结

① 具体来看，资本相关的宏观审慎政策（MaPP_capital）包括逆周期资本缓冲、资本留存缓冲、其他资本要求和杠杆率限制；流动性相关的宏观审慎政策（MaPP_liquidity）则包括流动性覆盖比例；资产相关的宏观审慎工具（MaPP_asset）包括信贷增长限制、其他贷款限制、LTV、DSTI、贷存比、特定交易相关的税收要求以及动态贷款损失准备；准备金要求（MaPP_RR）就是准备金相关要求；外汇相关的宏观审慎政策（MaPP_currency）包括外币贷款限制以及外汇头寸限制。

果差异明显。其中，MaPP_capital 和 MaPP_asset 的结果图像具有一定的“U”形特征；而 MaPP_RR 和 MaPP_currency 的图像比较平缓，趋势不明显；MaPP_liquidity 的影响在 DebtRatio 较低分位数时反而呈现类似倒“U”形特征。具体来看，MaPP_capital 对企业的银行借贷比率的影响在大部分分位数区间都显著为负，其作用强度随着 DebtRatio 分位数的增加而先增后减，在 0.6 附近达到效应的最大化。由于银行对企业的借贷也会消耗其资本，因此对银行的资本进行宏观审慎监管会显著降低企业在银行的借贷水平；相反地，MaPP_liquidity 对企业银行借贷的影响在前 0.65 分位数区间显著为正，而后转为不显著。其效应也是先增后减，在 0.2 分位数左右达到最大值。针对提高银行流动性相关的宏观审慎政策反而能提升企业在银行的借贷水平，可能说明相对而言企业在银行的借贷属于流动性较高的资产，在银行需要增强流动性时反而会部分地从其他流动性较差的资产转向对企业的贷款，这也与前文所说企业的银行借贷以短期为主相符合。同时，银行此时也主要提高对本身借贷率较低的企业的贷款水平，在提升流动性时也要把控风险。最后，MaPP_asset、MaPP_RR 和 MaPP_currency 的分位数回归结果在绝大部分分位数区间均不显著。总体来看，更加细分的宏观审慎政策分类确实能够告诉我们更多的信息：不同分类宏观审慎政策指数的效果存在明显差异，有些分指数的效应不太显著，并且不同政策工具的效果可能还是相反的方向，存在互相抵消的可能性。对于旨在抑制金融系统顺周期性的宏观审慎政策（MaPP_cycle），其分指数（MaPP_asset、MaPP_RR 和 MaPP_currency）的效应基本上都不显著，然而它们的政策合力却表现出了显著的效果；对于旨在提高金融体系抵御负面冲击能力的宏观审慎政策（MaPP_resilience），其效应主要由资产相关的宏观审慎工具（MaPP_asset）推动，而流动性相关的宏观审慎政策（MaPP_liquidity）在企业的银行借贷变量的低分位数区间部分地抵消了 MaPP_asset 的效应。

此前我们考察的均是宏观审慎政策的净效应，即紧缩的宏观审慎政策减去宽松的宏观审慎政策的影响。由于相关文献发现宏观审慎政策的效应存在不对称性（例如，杨昊龙等，2017；Altunbas et al.，2018；Cantù et al.，2020；Poghosyan，2020），我们这里也分别构建了紧缩宏观审慎政策指数 MaPP_tightening 和宽松宏观审慎政策指数 MaPP_easing，以考察在我们的研究问题上宏观审慎政策的影响是否对称。相应的结果如图 5.4 的 Panel D 所示。整体结果与预期相符，紧缩的宏观审慎政策会降低企业的银行借贷水平，而宽松的宏观审慎政策会促进企业的银行融资的提高[①]。详细来看，MaPP_tightening 的系数随着分位数的变化也呈现出“U”形，其绝对值先随着分位数的增加而增大，在 0.26 分位数左右达到最大值（ -0.0023）之后转而逐渐降低，直到 0.92 分位数开始其系数变得不再显著。MaPP_easing 的系数表现则类似一个倒“U”形，其先随着分位数的增加而增大，在 0.24 分位数达到最大值（0.0056）之后转而逐渐下降，并从 0.34 分位数开始变得不显著。因此，从单个宏观审慎政策的有效性来看，宽松宏观审慎政策的估计系数绝对值更大，因而更加有效。这可能是由于单个宽松宏观审慎政策的调整力度更大，也可能是因为银行缺乏对宽松宏观审慎政策的监管规避动机（BIS，2018；Poghosyan，2020）。然而从政策影响的显著性覆盖范围来看，紧缩的宏观审慎政策在企业的银行借贷率分布的绝大多数分位数位置都保持了显著的影响，而宽松宏观审慎政策的影响仅在 0.03 ~ 0.33 分位数区间显著。紧缩宏观审慎政策的出台一般伴随着经济过热和企业杠杆率过高等问题，当银行的信贷供给受到限制时，银行会大范围地对降低对企业的贷款；相反地，宽松宏观审慎政策的实施一般伴随着经济萧条和流动性趋紧等问题，当放松对银行的信贷管控时，银行基于风险控制等考虑也没有很强的动力进行大规模的信贷扩张，因而对企业的影响范围较为有限。

5.4.3　基于企业层面特征的异质性分析

基准回归结果表明，宏观审慎政策确实会对商业银行的信贷行为产生影响，在实践中很可能会通过此渠道间接影响微观市场主体的经营决策，而不同特征的企业受到的影响可能存在差异，因此很有必要对这一机制进行异质性的结构性分析。因此在这个部分，我们关注一些主要的企业特征，包括企业所有权性质、规模以及所处行业，是否对宏观审慎政策的银

① 基于固定效应回归的估计表明，MaPP_easing 的系数为正，但并不显著。

行借贷抑制效应起到了调节作用。具体来讲，即使企业现有的银行负债水平一样，银行对企业的信贷调整也可能基于不同的企业特征而存在差异。为了进行调节效应分析，我们在基准模型的基础上加入了宏观审慎政策变量与企业特征变量的交乘项，将实证回归模型具体设定如下：

$$Q_\tau(DebtRatio_{it}) = c_\tau + \beta_\tau MaPP_t + \theta_\tau MaPP_t * M_{it} + \gamma_\tau M_{it} + \delta_\tau FirmChar_{it-1} + \varphi_\tau Macro_{jt} + I_{it} + f_i + \varepsilon_{it} \quad (5.2)$$

其中，M_{it}为我们感兴趣的企业特征变量，θ_τ 为我们主要关注的宏观审慎政策变量与企业特征变量交乘项的系数。若 θ_τ 显著，并且方向与 β_τ 一致，则说明宏观审慎政策的效应得到了加强；反之，若 θ_τ 显著，并且方向与 β_τ 相反，则表示 M_{it}削弱了宏观审慎政策的影响。同样地，我们采用非条件分位数回归进行模型（5.2）的相关估计。

我国银行业为国有银行所主导，国有企业与国有银行的产权同质性以及与政府间的特殊政治关系使得国有企业面临更低的信贷约束，从而导致国有企业和非国有企业受信贷供给冲击的影响存在差异。一些研究也发现民营企业容易遭受信贷歧视，并在信贷紧缩时更容易遭遇信贷配给（例如，La Porta et al.，2002；Brandt and Li，2003；Khwaja and Mian，2005；李广子和刘力，2009；陆正飞等，2009）。基于以上研究，相比非国有企业，国有企业的银行借贷水平在面临宏观审慎政策带来的银行信贷冲击时受到的影响可能更小。为了检验这个推断，我们设置了国有企业虚拟变量 SOE，当企业为国有控股时取1，否则取0。相关结果展示在图5.5 的 Panel A。首先，从 Panel A 的右图可以看到宏观审慎政策变量与国有企业虚拟变量的交乘项在0.44～0.82 分位数区间显著为正，表明宏观审慎政策的银行信贷抑制效应对国有企业更弱。Panel A 的左图则更清晰地进行了最终影响的展示，在对应的分位数区间，宏观审慎政策对国有企业的影响确实更小，支持了信贷歧视的相关研究。

其次，相对而言规模较小的企业可能受到更强的信贷约束，并且对银行渠道的融资依赖度更高（Petersen and Rajan，1994；Berger and Udell，1995；林毅夫和李永军，2001；Beck et al.，2005；Beck et al.，2006；Beck et al.，2008）。因此，当紧缩的宏观审慎政策带来银行信贷供给的收缩时，不同规模的企业可能受到的影响存在差异。具体来看，规模较小的

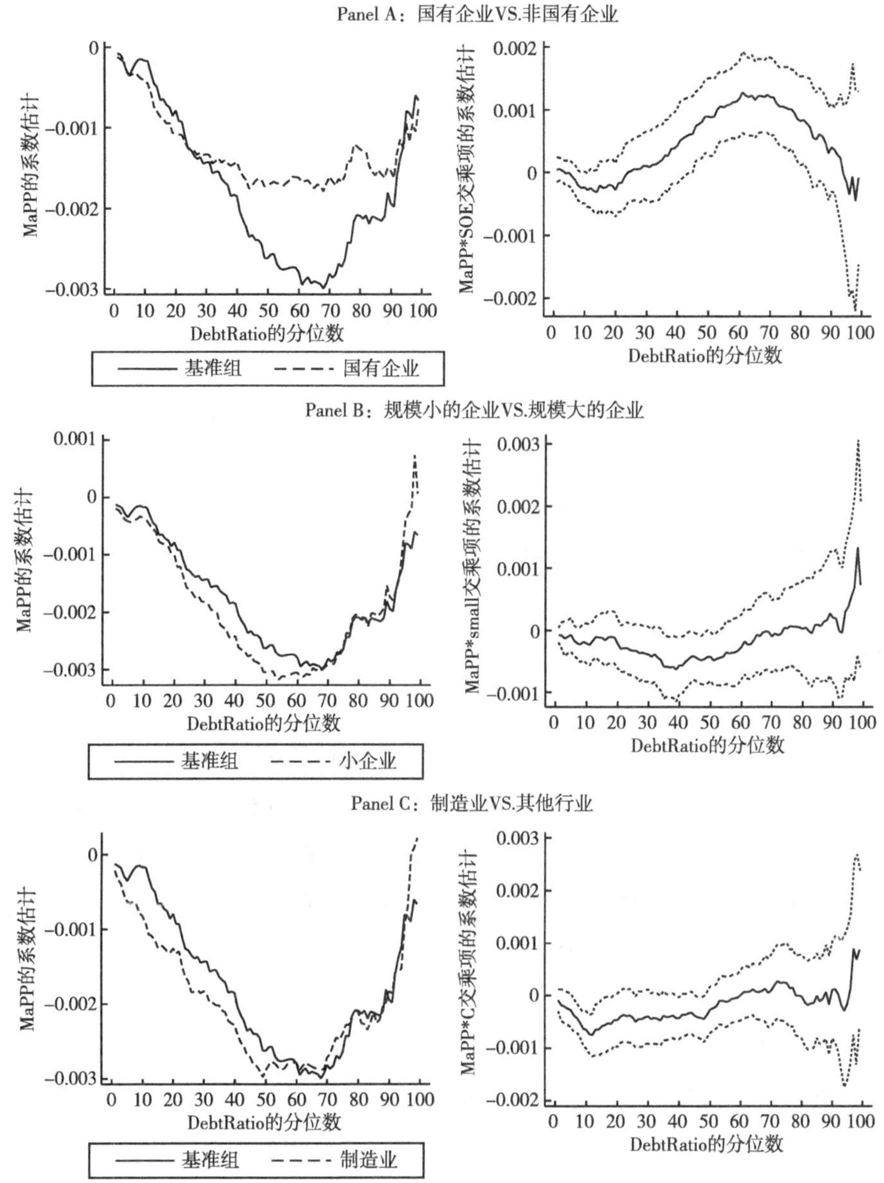

图 5.5　宏观审慎政策对企业的银行借贷率影响的异质性：基于部分企业特征的调节作用

注：图 5.5 的中各分图的横坐标均为企业的银行借贷率指标分布的分位数，各 Panel 左图的纵坐标为宏观审慎政策指标的系数，而右图的纵坐标为对应的交乘项的系数估计。各 Panel 左图中的实线为相应基准组的宏观审慎政策变量的系数估计，虚线为对比组别的结果；各 Panel 右图中的实线表示的是对应交乘项的系数估计，同时实线两旁的短虚线为估计系数所对应的 95% 置信区间。

企业可能由于抵押物更少、市场地位和信誉还待建立、信息透明度不够以及与银行的关系不够稳定等原因，可能会受到更大的冲击。同样地，我们构建了企业规模的虚拟变量 small① 以对此进行考察，相关结果展示在图 5.5 的 Panel B。从 Panel B 左边的图可以看到，在大约 0.7 分位数之前，小企业的银行信贷受到的负面冲击明显大于大企业，与预期相符；而在较高分位数区间，差异并不明显。然而，从交乘项的显著性来看（Panel B 右图），宏观审慎政策对小企业和大企业影响的差异仅在 0.35 ~ 0.52 分位数区间显著。综合来看，规模较小企业的银行借贷确实受到了宏观审慎政策更大程度的影响，但这种异质性仅在银行借贷率分布的部分分位数区间显著。

最后，我国制造业行业所含大类丰富，而且上市企业众多②，在我国经济中也占有重要的地位，因此我们也考察了宏观审慎政策对制造业企业的影响是否存在不同。为了这个目的，我们构建了制造业企业虚拟变量 C，当企业属于制造业时取值为 1；否则取值为 0。基于模型（5.2）的非条件分位数回归结果如图 5.5 的 Panel C 所示。从 Panel C 的左图可以很明显看出，在大约 0.6 分位数之前的区域中，宏观审慎政策对制造业企业的影响都更大；而在 0.6 分位数之后，MaPP 对制造业和其他行业的系数差异不明显。然而，从 Panel C 的右图来看，宏观审慎政策变量与制造业虚拟变量的交乘项在绝大多数分位数区间均不显著，仅在 0.06 ~ 0.18 分位数区间以及 0.46 ~ 0.48 等个别分位数位置显著。总体来看，宏观审慎政策对制造业企业影响的异质性证据较弱，仅在很窄的分位数区间发现银行显著地削减了更多的制造业企业贷款。

我们这部分的研究主要发现宏观审慎政策对企业的银行融资的影响会受到一些企业特征的调节。具体来看，宏观审慎政策对企业的银行借贷的抑制效应对国有企业和大企业更弱，而影响的差异性主要在企业银行借贷

① 参考相关文献，我们根据企业的营业收入进行规模划分，营业收入小于样本期间中位数的企业被定义为小企业，虚拟变量取 1；而营业收入大于样本期间中位数的企业被定义为大企业，虚拟变量取 0。

② 根据证监会 2012 年修订的《上市公司行业分类指引》，制造业门类下共包含 31 个大类，为所有行业中所含大类数量之最。并且在我们的样本观测值中，制造业所属观测值占比接近 62%。

率分布的中间分位数区间显著。另外，也有比较弱的证据显示在某些分位数区间，制造业的银行贷款受到了更大的影响。

5.5　本章小结

本章从微观企业的视角研究了宏观审慎政策对我国上市企业的银行融资水平的影响，在提供线性关系结果的同时，我们主要采用的是非条件分位数方法对它们之间的非线性关系进行了详细的探讨。实证结果表明，宏观审慎政策对企业的银行融资影响呈现出“U”形：紧缩宏观审慎政策对企业的银行融资有显著的抑制作用，随着企业的银行融资分布的分位数的上升，宏观审慎政策的作用也逐渐增强；但当分位数超过一定的界线，宏观审慎政策的效应转而逐渐减弱。这个发现说明，当收紧的宏观审慎政策降低银行的信贷供给能力时，银行的信贷调整政策对不同的企业存在异质性。银行更倾向于降低对现有银行贷款水平较高的企业的信贷供给，但可能出于控制风险或政府压力的考虑，银行借贷率最高的那部分企业受到的信贷抑制程度反而更低。进一步的研究发现，宏观审慎政策主要作用于企业的短期银行贷款，对长期银行贷款的影响较小。并且，我们的基准结果主要由直接作用于金融机构和旨在抑制金融系统顺周期性这两类宏观审慎政策工具推动。此外，宏观审慎政策的有效性存在不对称性，紧缩的宏观审慎政策显著地降低了企业的银行融资，而宽松的宏观审慎政策能够提高企业的银行融资水平；但前者的有效范围更广，而后者的平均影响程度更大。另外，在扩展分析中我们还发现，宏观审慎政策对企业的银行融资水平的影响在国有企业和大企业中的效应更小，特别是对银行借贷水平处于中等分位数区间的企业而言。

总之，本章的研究结果表明，宏观审慎政策对银行信贷行为的影响确实会在微观企业层面有所显现，银行对信贷行为的调整也会反映到企业从银行的融资水平上。并且，银行对不同企业信贷的调整水平还存在明显的差异，主要缩减的是银行负债程度处于中等水平的企业的银行借贷，而对银行负债水平较低和较高的企业的影响相对较小。结合第 4 章关于宏观审慎政策影响银行风险的研究结论，我们可以推测我国商业银行降低风险的手段可能主要是通过削减一些与银行负债水平中等企业的风险项目，而并没有降低对风险最高一类企业的信贷发放。因此，可以看出，商业银行在宏观审慎监管之下对风险进行了重新配置，宏观审慎政策风险抑制的有效性可能仅仅是在整体上降低了风险水平，但并不一定削减了风险水平最高的相关活动。

第6章　宏观审慎政策对企业商业信用的影响

6.1　问题的提出

在现有关于宏观审慎政策有效性的讨论中，大部分文献是从宏观金融体系和微观银行的角度进行探讨，其中宏观审慎政策抑制信贷扩张的有效性在相关研究中均得到了支持（Claessens et al.，2013；Wang and Sun，2013；Zhang and Zoli，2016；Lee et al.，2016；Fendoglu，2017；Budnik and Kleibl，2018；Akinci and Olmstead - Rumsey，2018；Klingelhöfer and Sun，2019；Alam et al.，2019；Revelo et al.，2020；Mirzaei et al.，2021；荆中博和方意，2018；刘澜飚和戴金甫，2019；周晔和陈亚杰，2021；等）。近年来，也有少数研究从微观企业层面探讨了宏观审慎政策的影响，并且发现金融系统或银行层面信贷扩张的降低在企业层面也得到了印证，即紧缩的宏观审慎政策也相应降低了企业的杠杆率或从银行的贷款水平（Jime nez et al.，2017；Ayyagari et al.，2018；Gambacorta and Murcia，2020；Kang et al.，2021；Ono et al.，2021；Favara et al.，2021；黄继承等，2020）。出于对宏观审慎政策微观传导路径的探索，我们在第5章也研究了宏观审慎政策对我国企业的银行借贷的非线性影响。众所周知，我国的金融体系以间接融资为主导①，而银行贷款是企业的主要融资渠道。当宏观审慎政策限制了银行的信贷供给能力时，相应地，企业从银行的融资水平也会受到负面冲击，在这种情况下企业是否能够通过其他的融资渠道来抵消银行信贷的收缩呢？一方面，如果企业能够通过替代性融资方式

① 根据中国人民银行发布的数据，截至2018年底，我国直接融资规模占现存社会融资规模的比重仅为17.14%；从2018年增量的角度来看，这个比例也相对较低，为24%左右。

补充银行信贷的降低，那么企业的投资和经营等行为受到的负面影响会比较有限，从而紧缩宏观审慎政策对实体经济造成的负面影响也会相应较低；另一方面，如果企业的替代性融资渠道没有发挥补充作用，紧缩宏观审慎政策导致的银行信贷收缩可能最终会对实体经济造成一定的伤害。因此，全面地了解宏观审慎政策带来的企业融资行为的变化不仅有利于揭示其潜在的微观传导渠道，也有益于了解宏观审慎政策在维持金融稳定的同时对实体经济的潜在溢出效应。

在公司金融的相关文献中，商业信用被认为是一种企业之间重要的非正式融资工具（Meltzer，1960；Schwartz，1974；Ferris，1981；Smith，1987；Brennan et al.，1988；Mian and Smith，1992；Long et al.，1993；Petersen and Rajan，1997），其在全球各国的企业中都得到了广泛的使用，并且商业信用在企业的总负债中也占有相对较高的比例。例如，根据 Nilsen（2002），应付账款是美国制造业企业资产负债表中很重要的一部分，其占企业总负债的比例约为 13%。而基于 34 个国家 3500 多家企业的数据，Levine等（2018）发现平均来看商业信用能够占到企业总借款的 25%左右。重要的是，部分相关研究发现当企业的外部融资渠道受限时企业会转向商业信用的使用（Meltzer，1960；Petersen and Rajan，1997；Fisman and Love，2003；Choi and Kim，2005；等）。基于以上信息，我们认为当宏观审慎政策导致企业的银行信贷受限时，企业很可能对商业信用的使用和提供进行相应的调整。此外，值得注意的是，一些研究还发现企业商业信用的使用与企业的投资水平、增长速度、经营效率和企业价值等密切相关（例如，Fisman and Love，2003；Ferrando and Mulier，2013；Carbó - Valverde et al.，2016；Lawrenz and Oberndorfer，2018；石晓军和张顺明，2010；孙浦阳等，2014；黄兴孪等，2016）。基于商业信用在企业的发展过程中扮演了重要的角色，考察宏观审慎政策可能对商业信用产生的影响也具有重要的学术价值和现实意义。如果企业能够通过对商业信用的调整来部分抵消银行信贷的变化，那么旨在抑制系统性金融风险的宏观审慎政策对实体经济产生的负面影响或许就比较有限；而如果企业无法增加商业信用的使用或降低商业信用的提供，由紧缩宏观审慎政策带来的银行信贷降低就可能继而对企业的投资和生产等活动造成冲击，从而使实体经济为宏观审慎政策维护金融系统的稳定付出代价。

虽然现有文献对银行信贷与商业信用之间的关系已经进行了大量的探讨，但是仍未达成一致的结论。早期的文献大多支持银行信贷与商业信用之间为替代关系（Meltzer，1960；Schwartz，1974；Biais and Gollier，1997；Petersen and Rajan，1997；Danielson and Scott，2004），后续很多基于金融危机和货币政策视角的研究也发现商业信用与银行信贷存在替代性（Nilsen，2002；Choi and Kim，2005；Mateut et al.，2006；Love et al.，2007；Garcia－Appendini and Montoriol－Garriga，2013；Casey and O'Toole，2014；Levine et al.，2018；Lawrenz and Oberndorfer，2018；等）。另外，一些基于我国企业数据的研究也得到了商业信用与银行信用互为替代关系的支持性证据（Ge and Qiu，2007；Cull et al.，2009；Chen et al.，2019；Tang and Moro，2020；石晓军和李杰，2009；陆正飞和杨德明，2011；张新民等，2012；饶品贵和姜国华，2013；陈胜蓝和马慧，2018；等）。然而，也有一些研究指出商业信用与银行信贷之间为互补关系（Cook，1999；Ono，2001；Wilson and Summers，2002；Love and Zaidi，2010；Giannetti et al.，2011；Agostino and Trivieri，2014；Andrieu et al.，2018；等）。此外，还有小部分文献指出，商业信用与银行信贷之间的关系基于不同的条件可以表现为替代或者互补（Burkart and Ellingsen，2004；Yang，2011；石晓军和张顺明，2010；Huang et al.，2011；Lin and Chou，2015）。因此，当企业的银行融资渠道受到紧缩宏观审慎政策的负面影响时，企业会对其商业信用进行怎样的调整还需要进一步的实证检验：如果银行信贷与商业信用之间为替代关系，则当企业从银行的借贷水平降低时，企业会增加对商业信用的使用；若银行信用与商业信用之间为互补关系，则当企业的银行信贷降低时，其商业信用也会随之降低。总而言之，检验宏观审慎政策对企业商业信用的影响可以从全新的角度为商业信用与银行信贷之间的关系提供新的证据，同时也丰富了宏观审慎政策在企业层面影响的相关研究。进一步地，现有商业信用的相关研究较少同时从商业信用的提供和使用两个方面进行相关探讨，并且对商业信用的期限结构也缺乏分析，本章的研究也在这些方面进行了详细的考察，对我国商业信用的相关研究有一定的拓展和补充作用。

6.2 数据来源、模型设计与变量介绍

6.2.1 数据来源

我国A股上市企业①的相关数据来自CSMAR数据库。首先，根据文献中的惯用处理方法，我们首先删除了所有金融行业相关企业和ST以及PT标示的企业。其次，缺乏企业商业信用相关数据以及回归中所需的其他变量数据的观测值也被删除，我们还去除了企业杠杆率大于100%的异常观测值②以及没有连续三年及以上观测值的样本。最后，为了排除企业合并和收购等的潜在影响，我们也对年度资产增长率超过100%的观测值进行了删除。此外，我们对所有企业层面的连续变量进行了上下1%的缩尾处理，以降低极端值的干扰。经过这一系列处理，最终我们的基准回归包含2000~2018年来自1895个上市企业的15318个企业—年份观测值③。而分析中的省份宏观经济变量数据以及货币政策数据均来自CEIC数据库。

6.2.2 基准回归模型设计

为了研究宏观审慎政策对企业商业信用的影响，我们将基准回归模型设定如下：

$$TradeCredit_{it} = \alpha + \beta MaPP_t + \delta FirmChar_{it-1} + \gamma Macro_{jt} + I_{it} + f_i + \varepsilon_{it} \tag{6.1}$$

其中，$TradeCredit_{it}$为企业i在时间t时的商业信用相关代理变量，包括商业信用的使用*Accounts payable*、商业信用的提供*Accounts receivable*以及

① 在我们的研究课题中，采用上市企业的数据利大于弊。一方面，上市企业的信息披露受到严格的审计和监管，在数据质量和数据丰富程度方面上市企业都优于私营企业。另一方面，非上市企业更容易受到银行的信贷歧视，从而当紧缩的宏观审慎政策降低了银行的信贷供给时，非上市企业可能会更依赖于商业信用的使用。所以，我们基于上市企业的研究只可能低估宏观审慎政策对企业商业信用的影响，而不会影响结果的稳健性。

② 杠杆率大于1即股东权益为负的观测值。

③ 后续其他回归中的观测值随着模型设定和所包含变量的不同而变化。

净商业信用 *Net trade credit*，另外还包括反映商业信用期限结构的短期应付账款比例 *Short - term AP* 和短期应收账款比例 *Short - term AR*。j 代表的是企业注册地所在省份。相关变量的含义和计算方式会在下一节进行详细说明。*MaPP* 为基于 Alam 等（2019）构建的我国宏观审慎政策指数。*FirmChar* 为一系列企业层面的控制变量，*Macro* 则为一些反映经济周期、价格水平和货币政策态势的省份宏观控制变量。然后，我们还控制了企业个体固定效应 f_i 以及行业固定效应 I_{it}①，以期更多地控制潜在的不可观测的企业和行业层面的特征。最后，ε_{it} 为随机扰动项，为了应对企业特征变量潜在的内生性问题，我们将回归中的所有企业层面的控制变量均滞后一阶。同样地，由于宏观审慎政策的制定和实施是基于金融体系的系统性风险水平，与微观企业层面的行为无关，因此该研究中宏观审慎政策变量不存在内生性问题。另外，我们将标准差在行业层面②进行聚类，以允许误差项在行业内部相关。

6.2.3　变量介绍

为了更加全面地了解企业的商业信用行为的变化，我们不仅关注它们的商业信用提供、商业信用使用以及净商业信用使用情况，还对商业信用的期限结构进行了考察。参考有关文献（Choi and Kim，2005；Huang et al.，2011；Wu et al.，2014），企业的商业信用使用情况用 *TC_AP* 表示，即企业对上游供应商的应付账款、应付票据以及对客户的预收款项之和与其总资产的比例③。企业对合作方提供的商业信用以 *TC_AR* 表示，为企业的应

① 由于我国宏观审慎政策指数为宏观变量，参考有关文献，在模型中我们没有对年份固定效应进行控制（饶品贵和姜国华，2013；黄继承等，2020；D'Mello and Toscano，2020；马勇和姚驰，2021；祁敬宇和刘莹，2021；等）。事实上，我们也尝试过加入年份虚拟变量，得到的结果没有实质变化。

② 企业所属行业的划分基于证监会 2012 年修订的《上市公司行业分类指引》。制造业企业众多，按门类划分；其余行业企业按大类划分，因此样本中一共 46 个行业分类（去除了金融行业）。

③ 这里采用企业的总资产进行标准化是为了保证不同规模的企业之间指标的可比性，并且相比其他标准化指标，例如销售收入等，企业总资产的稳定性更强，可以避免引入一些不必要的波动（Choi and Kim，2005）。但是，借鉴一些相关研究（例如，Love et al.，2007；Chen et al.，2019），我们在稳健性检验部分也尝试了其他定义方式，主要结果依然保持稳健。

收账款、应收票据和预付款项之和与其总资产的比例。*NTC* 反映的是企业的净商业信用使用情况，即企业收到的商业信用 *TC_AP* 与其提供的商业信用 *TC_AR* 之差。如果净商业信用数值为正，则说明企业收到的商业信用大于其所提供的商业信用；反之，企业则为商业信用的净提供方。此外，为了进一步了解企业商业信用的期限结构是否受到了影响，我们参考 Wu 等（2014）分别构建了两个变量：企业的短期应付账款占比 *Short - term AP* 和短期应收账款占比 *Short - term AR*，它们分别为企业一年以下的应付账款占应付账款总额的比例和一年以下应收账款占总应收账款的比例①。

我们基于 Alam 等（2019）整理的宏观审慎政策数据库②创建了我国宏观审慎政策指数，MaPP。遵循现有常规做法，Alam 等（2019）对宏观审慎政策的记录也是采用虚拟变量式的方法，即对每个紧缩的宏观审慎政策赋值为 1，对每个宽松的宏观审慎政策赋值为 -1，当没有宏观审慎政策变化时计为 0。由于很难判断每个宏观审慎政策在何时开始产生约束力以及其效应的持续时间③，我们参考现有相关文献的做法，在分析中采用宏观审慎政策的累积指数，即将截至当年实施过的宏观审慎政策进行累加（Zhang and Zoli，2014；Cerutti et al.，2017a；Akinci and Olmstead - Rumsey，2018；Meuleman and Vander Vennet，2020）。因此，基于 MaPP 得到的结果可以视为宏观审慎政策的长期效应。当 MaPP 为正数时，代表截至目前紧缩宏观审慎政策的出台多于宽松的宏观审慎政策；反之则相反。

关于企业层面控制变量 *FirmChar* 的选取，我们借鉴了一些现有的相关研究（例如，Huang et al.，2011；Wu et al.，2014；Chen et al.，2019；Gopalakrishnan et al.，2021）。首先，由于不同规模的企业在提供商业信用

① 企业商业信用的期限结构数据仅有年度数据，并且详细的期限结构数据比较有限，因此在期限结构相关变量的构建过程中我们只考虑了企业的应收账款和应付账款，而不包括应收和应付票据、预付账款以及预收账款项目。此外，对这两个期限结构变量的分母，对应的我们也只包含了具有到期信息的应付账款和应收账款总量。

② Alam 等（2019）整理的 iMaPP 宏观审慎政策数据库是在一些现有主要数据库的基础上纳入了国际货币基金组织的年度宏观审慎政策调查数据以及各国中央银行等官方文件的信息。iMaPP 最终包含了 134 个国家 17 个大类的宏观审慎政策工具数据，时间跨度更是从 1990 ~ 2018 年，相比于其他数据来源其提供的宏观审慎政策数据更加丰富和可靠。

③ 事实上，一些研究确实发现宏观审慎政策的影响存在不同程度的滞后性和长期性，例如 Richter 等（2019）、Poghosyan（2019）、Garcia Revelo 等（2020）。

的能力以及对商业信用的需求方面可能存在差异，我们控制了企业的规模 ln*Asset*，即企业总资产的自然对数。其次，回归中也控制了企业的盈利能力和流动性指标，*ROA* 和 *OCFR*，分别为企业的资产回报率和经营活动现金流与总资产的比例。这两个指标都会对企业提供和利用商业信用的意愿产生影响。一方面，盈利能力强和流动性充足的企业可能会更愿意对客户提供商业信用，同时对来自供应商的商业信用需求较少；另一方面，这类企业的市场地位也可能较高，会更有能力要求供应商提供更多的商业信用以及拒绝为客户提供较多的商业信用。再次，我们也控制了企业的经营年限 *Age*，其对商业信用的影响也不明晰，跟盈利能力和流动性的影响逻辑类似。*Growth* 为年度销售增长率，用以控制企业的增长机会以及经营冲击的影响。从需求的角度看，企业的增长率越高，其可能就需要更多的信贷用以支撑其高速成长。而从供应商的角度来看，高增长企业可能还在声誉的积累过程中，其与客户的谈判能力还比较欠缺，从而可能会为客户提供更多的商业信用。我们还控制了企业的所有权性质 *SOE*，当企业为国有控股①时赋值为 1，否则赋值为 0。由于国有银行在我国银行业的特殊地位，国有企业更容易获得银行信贷，因而国有银行可能更有能力提供更多的商业信用，同时其国有背景的背书也使其更容易获得供应商提供的商业信用。企业的市场地位，即企业的销售所占市场份额 *MarShare*，也在回归中得到了控制。最后，企业从银行的融资能力也会对其商业信用政策产生影响，从而我们也控制了企业的银行借贷与总资产的占比 *BankFin*。

我们也控制了一些主要的宏观层面因素的影响，在回归中包括了省级 GDP 实际增长率（*GDPgr*），省级通货膨胀率（*Inflation*）以及货币政策指标（*MP*）②。省级 GDP 真实增长和通货膨胀率可能会对区域内企业的信贷需求产生影响，在模型中包含这两个变量有助于对潜在的区域性的宏观经济和价格冲击进行控制。参考陆正飞和杨德明（2011）、钟凯等（2016），我们将货币政策指标（*MP*）定义为 M2 增长率超出 GDP 增长率和 CPI 增

---

① 当企业的最终控制人为中央政府、地方政府或另外的国有企业时，则其被定义为国有企业。

② 对于宏观层面的控制变量，当省级层面的数据可得时，我们均采用企业注册地所在省份的宏观数据，以控制更多的区域性宏观信息。

长率的部分，对货币政策进行控制有利于更好地分离出宏观审慎政策的影响。货币政策指标越大表明货币政策越宽松，反之则货币政策态势越紧。最后，我们还控制了2008~2009年全球金融危机的影响，即在模型中加入了金融危机虚拟变量*crisis*，这个变量在2008年和2009年取1，其余年份取0（Laeven and Valencia，2012；邓路等，2016；Fernández et al.，2018）。

我们在表6.1对基准回归中的主要变量进行了详细介绍和对应数据来源的说明。

表6.1　主要变量介绍

变量名称	变量说明	数据来源
NTC	企业的净商业信用，为企业获得的商业信用与提供的商业信用之差，并以总资产进行标准化，即（TC_AP－TC_AR）。	CSMAR
TC_AP	企业从供应商和客户处获得的商业信用，具体为（应付账款＋应付票据＋预收款项）/总资产。	CSMAR
TC_AR	企业对客户和供应商提供的商业信用，为（应收账款＋应收票据＋预付款项）/总资产。	CSMAR
MaPP	基于Alam等（2019）提供的iMaPP宏观审慎政策数据构建的我国宏观审慎政策指标。	Alam等（2019）
lnAsset	企业规模指标，为企业总资产的自然对数。	CSMAR
ROA	企业的资产回报率，反映企业的盈利能力。	CSMAR
OCFR	企业的净经营活动现金流与总资产之比，反映企业的流动性情况。	CSMAR
Age	企业的经营年份指标，为ln（1＋企业经营年限）。	CSMAR
Growth	企业的年度销售增长率，反映企业的经营情况。	CSMAR
SOE	企业所有权性质虚拟变量，当企业为国有企业时取值为1；否则取0。	CSMAR
MarShare	企业的市场占有率，即其销售占所在行业的市场份额。	CSMAR
BankFin	企业的银行融资能力，企业的银行借贷/总资产。	CSMAR
MP	货币政策指标，（M2增长率－GDP增长率－CPI增长率）。	CEIC
GDPgr	衡量区域宏观经济状况，省份层面GDP的实际增长率。	CEIC
Inflation	各省份通货膨胀变量，反映区域宏观价格信息。	CEIC

6.2.4　描述性统计

表 6.2 展示了主要变量的描述性统计。平均来看，样本企业的净商业信用为 -0.002，说明样本企业提供的商业信用数量整体来看稍微大于它们获得的商业信用数量，即它们为商业信用的净提供者。但 NTC 的标准差为 0.132，较大的标准差说明企业之间的差异较大。企业从供应商和客户那里得到的商业信用 TC_AP 的均值为 0.169，标准差为 0.121。类似地，企业对客户和供应商提供的商业信用 TC_AR 的均值稍大，为 0.171，标准差为 0.115。这些统计数据说明，样本企业对商业信用的使用和提供在数值上都较大，占企业总资产的比例较高，证实了商业信用为企业的一种重要的融资渠道。但同时，企业商业信用的三个变量的分布都比较分散，说明不同的企业对商业信用的利用情况存在较大的差异。基于 Alam 等（2019）构建的我国宏观审慎政策指数 MaPP 均值为 31.11，表明平均来看紧缩的宏观审慎政策占据了主导，其使用频率远超宽松的宏观审慎政策。MaPP 的标准差数值也较大，为 25.99，说明在不同期间宏观审慎政策的实施情况变化较大，与金融体系的系统性风险水平以及监管部门对宏观审慎政策的认识和重视程度相关。例如，在 2007 年之前我国总共实施了 12 次宏观审慎政策，而仅在 2007 年宏观审慎政策的出台次数就达到了 13 次（Alam et al.，2019）。宏观审慎政策指数的最小值则为负数，-3，表示在某一时点宏观审慎政策整体上呈现宽松的态势。宽松的宏观审慎政策一般在金融系统遭受负面冲击时出台，比如，我国在 2008 ~ 2009 年全球金融危机期间共实施了 6 次宽松的宏观审慎政策（Alam et al.，2019）。

表 6.2　主要变量的描述性统计

变量	样本量	均值	标准差	最小值	中位数	最大值
NTC	15318	-0.002	0.132	-0.342	-0.010	0.387
TC_AP	15485	0.169	0.121	0.005	0.140	0.552
TC_AR	16531	0.171	0.115	0.005	0.154	0.529
MaPP	16531	31.11	25.99	-3	27	69
lnAsset	16531	21.96	1.237	19.74	21.75	25.92

续表

变量	样本量	均值	标准差	最小值	中位数	最大值
ROA	16531	0.043	0.044	-0.129	0.037	0.193
OCFR	16531	0.050	0.070	-0.152	0.049	0.246
Age	16531	2.575	0.408	1.099	2.639	3.401
Growth	16531	0.173	0.289	-0.467	0.134	1.429
SOE	16531	0.523	0.500	0	1	1
MarShare	16531	0.031	0.063	0.0002	0.008	0.382
BankFin	16531	0.172	0.139	0	0.157	0.535
MP	16531	0.041	0.048	-0.023	0.031	0.197
GDPgr	16531	0.108	0.029	0.068	0.104	0.149
Inflation	16531	0.020	0.020	-0.02	0.023	0.056

在企业层面的控制变量中，企业规模变量 lnAsset 的均值和标准差分别为21.96 和1.237。平均来看，样本企业的资产收益率 ROA 为4.30%，净经营现金流占总资产的比例 OCFR 为5%。企业经营年限变量 Age 的均值和中位数分别为 2.575 和 2.639。此外，样本企业的平均销售增长率 Growth 为17.3%，并且约52.3%的样本企业为国有控股（SOE）。反映企业议价能力的市场占有率 MarShare 的均值和标准差分别为3.1%和6.3%，说明企业之间的差异很大。而企业的银行融资能力 BankFin，平均为17.2%，但标准差也较大，为13.9%。可以看到，样本企业从银行的融资水平与从商业信用渠道得到的资金支持在数量上很接近，前者的均值为17.2%，而后者的均值为16.9%，进一步证实了商业信用的重要性。宏观控制变量方面，省份 GDP 的实际增长率在样本期间平均为10.8%，而通货膨胀率平均为2%。最后，货币政策指标的均值和标准差分别为0.041和0.048，表明在样本期间货币政策总体比较宽松，但波动也较大。

6.3 宏观审慎政策与企业商业信用的基准回归结果分析与稳健性检验

本部分主要对基准回归结果进行了详细分析，然后做了一系列的稳健性检验以保证主要结论的可靠性。

6.3.1　宏观审慎政策与企业商业信用的基准回归结果分析

表 6.3 展示了宏观审慎政策影响企业商业信用的基准模型的逐步回归结果。我们分别将企业商业信用的三个指标作为被解释变量，具体包括净商业信用 NTC，企业占用的商业信用 TC_AP 以及企业对外提供的商业信用 TC_AR。第（1）—（3）列为模型中只包含宏观审慎政策变量的结果，可以看到企业的净商业信用以及企业获得的商业信用都得到了显著提高，而企业对外提供的商业信用却显著降低。第（4）—（6）列则为进一步加入企业层面的控制变量的回归结果，除了 TC_AP 的回归中宏观审慎政策的影响不再显著之外，其他结果依然存在。最后，我们还在模型中控制了宏观层面的控制变量，相关结果如第（7）—（9）列所示。在控制了所有控制变量之后，在净商业信用 NTC 和企业的商业信用使用 TC_AP 的回归中，宏观审慎政策变量的系数均显著为正，说明紧缩的宏观审慎政策使得企业提高了对商业信用的利用水平，即使排除了企业对外提供的商业信用，企业的净商业信用水平也得到了显著的提高。列（9）关于企业商业信用的提供 TC_AR 的回归结果表明，紧缩的宏观审慎政策导致企业降低了对外的商业信用提供水平。总体来看，当宏观审慎政策收紧时，企业会更多地使用供应商和客户提供的商业信用，而更少地对外提供商业信用，从而其净商业信用也得到了提高。基于最终的基准回归结果［列（7）—列(9)］，从数量上来看，宏观审慎政策变量 MaPP 一个标准差的增加会导致企业的净商业信用 NTC 平均增加 4.42 个百分点（25.99 ×0.0017）。从商业信用的使用和提供来看，宏观审慎政策变量 MaPP 一个标准差的增加会使企业对商业信用的利用水平平均增加约 1.04 个百分点（25.99 ×0.0004）；同时降低企业的对外商业信用提供平均约 3.38 个百分点（ -0.0013 ×25.99）。换言之，当宏观审慎政策收紧而导致银行的信贷供给受限时，企业会通过降低对外的商业信用提供和增加对其他企业的商业信用占用而整体上提高净商业信用的使用。可以看出，基准回归的结果与替代假设一致，即企业会更多地使用商业信用来替代银行信贷的降低。因此，我们从宏观审慎政策的视角得到了支持银行信贷与商业信用之间替代关系的证据，进一步丰富了相关研究。

表 6.3　　宏观审慎政策对企业商业信用的影响：基准回归结果

	(1)	(2)	(3)	(4)	(5)	(6)	(7)	(8)	(9)
	NTC	TC_AP	TC_AR	NTC	TC_AP	TC_AR	NTC	TC_AP	TC_AR
MaPP	0.0011 *** (0.000)	0.0007 *** (0.000)	-0.0004 *** (0.003)	0.0010 *** (0.001)	0.0001 (0.706)	-0.0009 *** (0.000)	0.0017 *** (0.000)	0.0004 * (0.099)	-0.0013 *** (0.000)
lnAsset				-0.0008 (0.876)	0.0047 (0.234)	0.0013 (0.666)	0.0014 (0.766)	0.0064 (0.110)	0.0010 (0.736)
ROA				-0.2113 *** (0.000)	-0.1827 *** (0.000)	0.0355 (0.141)	-0.2503 *** (0.000)	-0.2006 *** (0.000)	0.0552 ** (0.019)
OCFR				0.1522 *** (0.000)	0.0807 *** (0.001)	-0.0833 *** (0.000)	0.1524 *** (0.000)	0.0780 *** (0.001)	-0.0858 *** (0.000)
Age				-0.0157 (0.286)	0.0040 (0.773)	0.0242 ** (0.040)	-0.0320 ** (0.042)	0.0035 (0.806)	0.0395 *** (0.004)
Growth				0.0120 *** (0.001)	0.0213 *** (0.000)	0.0099 *** (0.000)	0.0121 *** (0.000)	0.0219 *** (0.000)	0.0102 *** (0.000)
SOE				-0.0095 (0.369)	0.0048 (0.579)	0.0131 * (0.092)	-0.0053 (0.590)	0.0059 (0.482)	0.0102 (0.175)
MarShare				0.0441 (0.496)	0.1028 ** (0.025)	0.0728 * (0.089)	0.0351 (0.567)	0.0939 ** (0.035)	0.0726 * (0.081)

续表

	(1)	(2)	(3)	(4)	(5)	(6)	(7)	(8)	(9)
	NTC	TC_AP	TC_AR	NTC	TC_AP	TC_AR	NTC	TC_AP	TC_AR
BankFin				-0.0414 ** (0.019)	-0.0656 *** (0.000)	-0.0225 ** (0.047)	-0.0498 *** (0.003)	-0.0711 *** (0.000)	-0.0196 * (0.082)
GDPgr							0.3070 *** (0.002)	0.2861 *** (0.004)	-0.0359 (0.404)
Inflation							-0.0184 (0.845)	0.0067 (0.923)	0.0433 (0.490)
MP							0.0497 (0.225)	0.0624 * (0.084)	0.0195 (0.443)
crisis							0.0340 *** (0.000)	0.0058 ** (0.046)	-0.0296 *** (0.000)
_cons	-0.0615 *** (0.000)	0.1336 *** (0.000)	0.1974 *** (0.000)	0.0206 (0.832)	0.0573 (0.494)	0.1167 * (0.071)	-0.0493 (0.604)	-0.0227 (0.799)	0.1070 * (0.091)
企业 FE	Yes	Yes	Yes	Yes	Yes	Yes	Yes	Yes	Yes
行业 FE	Yes	Yes	Yes	Yes	Yes	Yes	Yes	Yes	Yes
N	22311	22600	25508	15318	15485	16531	15318	15485	16531
within R^2	0.0749	0.0453	0.0186	0.0544	0.0347	0.0434	0.0838	0.0448	0.0646

注：变量估计系数的下方（）内为相应的 p 值；*、**、*** 则分别表示在 10%、5%、1% 的显著性水平下显著。本章后续表格均相同。

一些控制变量也得到了显著的结果。企业的盈利能力ROA在三个商业信用变量的回归中都表现出了显著的影响，详细来看，ROA显著降低了企业的商业信用使用，但显著地增加了企业的对外商业信用提供，总体上降低了企业的净商业信用水平。换言之，当企业的盈利能力越高时，其就更有能力为供应商和客户提供更多的商业信用，同时自身对商业信用的需求会降低。然而，反映企业流动性水平和经营情况的OCFR的结果似乎与ROA的表现相反，即当企业的经营现金流越高，企业会使用更多的商业信用而提供更少的商业信用。这可能是因为当企业的经营情况较好时，其客户和供应商更愿意为其提供更多的商业信用，而更加强势的企业则不必为了维持良好的上下游关系和促进销售等原因而为其客户和供应商提供更多的商业信用。通过这种方式，企业也才能保持良好的现金流状况。Age的系数在TC_AR为被解释变量时显著为正，而在NTC的回归中显著为负，表明经营年限越长的企业越有能力为其合作方提供更多的商业信用，从而使其净商业信用表现为降低。在三个回归中Growth的系数均显著为正，说明成长性越高的企业不仅需要更多的商业信用来支撑其快速增长，它们在市场声誉建立和业务扩张的过程中也需要对合作方提供更多的商业信用以促进产品销售占领更多市场。由于这类企业获得的商业信用超过了其对外提供的商业信用，所以其净商业信用水平依然得到了提高。MarShare在TC_AP和TC_AR的回归中均得到了显著为正的系数，即市场占比越高的企业在商业信用的使用和提供方面都会更高。可能因为市场份额占比越高企业的议价能力也越强，因而可以从合作方处获得更高的商业信用，而它们也更有能力和动机为合作企业提供更多的商业信用，一方面可以帮助维持市场占比，另一方面也有利于维护具有长期利益相关性的合作企业的健康经营。反映企业的银行融资能力BankFin的结果显示，更高的银行融资与企业的净商业信用NTC、商业信用的利用TC_AP和提供TC_AR均显著负相关。当企业从银行的融资能力较强时，企业通过商业信用进行融资的动机会相应降低，因而TC_AP和NTC均被减弱。而银行融资能力较强的企业可能也同时具有较高的市场地位或产品声誉，因而也不必通过商业信用的提供来维持上下游关系和产品的销售，TC_AR也相应降低。此外，我们可以看到GDPgr在NTC和TC_AP的回归中系数显著为正，说明当区域经济增长较高时，企业更容易获得商业信用。同样地，在货币政策宽松时，市场上流动性充裕，企业也更容易获得商业信用。另外，可以看到在金融危机期间 crisis，企业也提高了对商业信用的使用，而降低了对外提供的商业信用水平，以保持自身的流动性。

6.3.2　宏观审慎政策与企业商业信用的稳健性检验

为了验证基准回归中主要结论的可靠性，我们接下来做了一系列的稳健性检验，结果列示在表 6.4 中①。第一，我们参考相关文献采用了替代性的企业商业信用衡量指标，即采用对应的流量指标对企业的商业信用水平进行标准化（Love et al.，2007；Ge and Qiu，2007；Chen et al.，2019；饶品贵和姜国华，2013）。其中，NTC2 和 TC_AP2 均以销售成本（cost of goods sold）进行标准化，而 TC_AR2 则以企业当期收入进行标准化。根据相关文献，采用流量指标进行标准化有利于控制企业的经营活动状况，从而反映其资金需求。对应的结果展示在表 6.4 的第（1）—（3）列，可以看到紧缩的宏观审慎政策依然导致了企业对外商业信用的提供以及净商业信用使用的降低，而企业获得的商业信用 TC_AP2 并没有受到显著的影响②。从上文的基准回归结果来看，宏观审慎政策对企业商业信用获得变量 TC_AP 的影响无论在数量上还是显著性程度上也都比较微弱，所以这里的结果与上文也不矛盾。

第二，由于准备金要求同时服务于宏观审慎监管和货币政策，实际中很难对它们进行完全清晰的区分（Alam et al.，2019），因此我们创建了一个排除准备金要求的宏观审慎政策指数 MaPP_nRR，相关结果如表 6.4 的列（4）—（6）所示。同样地，我们可以看到宏观审慎政策的紧缩降低了企业对外的商业信用提供，增加了净商业信用水平，而对企业获得的商业信用没有显著的影响。

---

① 为了保持表格的简洁，我们没有报告控制变量的具体结果，相关结果与我们的基准回归结果大体一致。

② 当宏观审慎政策紧缩导致银行信贷供给收紧时，相对于上市企业，上市企业的合作方可能更难以获得资金补给，特别是对非上市企业。因此，在这种情况下，样本上市企业就难以从合作企业那得到更多的商业信用。

表 6.4　　宏观审慎政策对企业商业信用的影响：稳健性检验一

	(1)	(2)	(3)	(4)	(5)	(6)	(7)	(8)	(9)	(10)	(11)	(12)
	NTC2	TC_AP2	TC_AR2	NTC	TC_AP	TC_AR	NTC	TC_AP	TC_AR	NTC	TC_AP	TC_AR
MaPP	0.0074 *** (0.000)	-0.0002 (0.815)	-0.0052 *** (0.000)									
MaPP_nRR				0.0020 *** (0.000)	0.0002 (0.612)	-0.0018 *** (0.000)						
Pru							0.0058 *** (0.000)	0.0014 *** (0.006)	-0.0044 *** (0.000)			
MPP										0.0012 *** (0.000)	0.0005 *** (0.000)	-0.0007 *** (0.000)
控制变量	Yes	Yes	Yes	Yes	Yes	Yes	Yes	Yes	Yes	Yes	Yes	Yes
企业 FE	Yes	Yes	Yes	Yes	Yes	Yes	Yes	Yes	Yes	Yes	Yes	Yes
行业 FE	Yes	Yes	Yes	Yes	Yes	Yes	Yes	Yes	Yes	Yes	Yes	Yes
N	15318	15485	16531	15318	15485	16531	11210	11237	11240	13001	13028	13031
within R^2	0.0650	0.0664	0.0924	0.0753	0.0438	0.0585	0.1124	0.0540	0.0853	0.0973	0.0502	0.0681

第三，我们也采用了基于其他宏观审慎政策数据来源的宏观审慎政策变量。Pru 是基于 Cerutti 等（2017b）① 构建的我国宏观审慎政策指数，第（7）—(9）列展示了 Pru 的回归结果。与基准回归结果一致，紧缩的宏观审慎政策会使得企业更多地使用商业信用、更少地对外提供商业信用，从而总体上增加了净商业信用。类似地，MPP 则是基于 Klingelhöfer 等（2019）② 整理的数据创建的我国宏观审慎政策变量，相应的结果如列（10）—(12）所示，与主要结论仍然保持一致。

第四，从后文的商业信用期限结构变量来看，企业的商业信用大多为短期融资③，即持续时间在一年及以内。虽然现有很多研究也是基于年度数据（例如，Ge and Qiu，2007；Love et al.，2007），但年度的商业信用数据可能仅反映了商业信用在年末的情况，而没能反映其在年度内的变化信息。因此，我们这里采用了相关季度数据对基准回归进行了复制④，对应的结果如表 6.5 的列（1）—(3）所示。实证结果表明，紧缩的宏观审慎政策显著降低了企业对外的商业信用提供，从而增加了其净商业信用的使用水平⑤，但企业并未从合作方获得更多的商业信用。除了 TC_AP 的结果变得不显著，基准回归的其他结论均得到了支持。

第五，考虑到宏观变量的效应可能存在滞后，我们将模型中的所有宏观变量也进行了一阶滞后来重新考察，其中宏观审慎政策变量剔除了当期实施的宏观审慎政策。相关结果如表 6.5 的列（4）—(6）所示，与主要结论一致。

第六，由于 TC_AP 和 TC_AR 的取值范围均在 0 ~ 1，我们参考相关文献的做法（Petersen and Rajan，1997；Ge and Qiu，2007；D'Mello and Toscano，

---

① Cerutti 等（2017b）整理的跨国审慎政策数据同时包含了宏观审慎政策和微观审慎政策，覆盖了 9 类审慎工具，其数据区间仅为 2000 ~ 2014 年。

② Klingelhöfer 和 Sun（2019）整理的我国宏观审慎政策信息则是通过文本方法从中国人民银行发布的货币政策报告中提取，数据区间为 2000 ~ 2015 年。

③ 企业的短期应付账款占比 *Short - term AP* 和短期应收账款占比 *Short - term AR* 的均值分别为 0.867 和 0.805，而中位数更是分别高达 0.912 和 0.869。

④ 相应地，我们基于 Alam 等（2019）的宏观审慎政策数据构建了新的我国季度宏观审慎政策指数。

⑤ 具体来看，基于季度数据的回归结果表明，宏观审慎政策一个标准差的收紧会导致企业的净商业信用增加 1.35 个百分点，而企业的对外商业信用提供会降低 1.45 个百分点。

表 6.5 宏观审慎政策对企业商业信用的影响：稳健性检验二

	(1)	(2)	(3)	(4)	(5)	(6)	(7)	(8)	(9)	(10)	(11)
	NTC	TC_AP	TC_AR	NTC	TC_AP	TC_AR	TC_AP	TC_AR	NTC	TC_AP	TC_AR
MaPP	0.0010*** (0.000)	0.0001 (0.751)	-0.0010*** (0.000)				0.0004*** (0.033)	-0.0013*** (0.000)	0.0017*** (0.000)	0.0003 (0.150)	-0.0014*** (0.000)
l. MaPP				0.0011*** (0.000)	0.0000 (0.926)	-0.0011*** (0.000)					
控制变量	Yes	Yes	Yes	Yes	Yes	Yes	Yes	Yes	Yes	Yes	Yes
企业 FE	Yes	Yes	Yes	Yes	Yes	Yes	Yes	Yes	Yes	Yes	Yes
行业 FE	Yes	Yes	Yes	Yes	Yes	Yes	Yes	Yes	Yes	Yes	Yes
N	68061	68531	70949	15318	15485	16531	15602	16699	14590	14747	15719
within R^2	0.1028	0.0653	0.0617	0.0781	0.0452	0.0590	24303.013	24303.013	0.0819	0.0446	0.0652

注：列（7）—列(8) 最后一行中报告的是 Tobit 回归的 log likelihood 数值。

2020），对这两个变量作为被解释变量的回归用 Tobit 回归进行重新估计。表6.5 的列（7）—列(8）展示了相关结果，可以看到我们的主要结论依然稳健。

第七，由于公用事业行业的经营特殊性和所受监管的不同，参考 Choi 和 Kim（2005）以及 Zhang 等（2015），我们在列（9）—列(11）中将公用事业行业企业进行了剔除①，所得结果依然与上文的主要结论大体一致。

总体来看，上述稳健性检验的结果均与基准回归结论基本一致，即宏观审慎政策的收紧会降低企业对外的商业信用提供，而企业的净商业信用利用水平也会提高；虽然基准回归中企业从合作方获得的商业信用也有所提高，但提高幅度和显著性都比较小，在一些稳健性检验中相关结果甚至变得不再显著。因此我们可以得出，当紧缩的宏观审慎政策导致银行信贷供给降低时，样本企业主要通过降低合作方对其的资金占用（对外的商业信用提供）来补充流动性，而很难从上下游企业处得到更多的资金支持（获得的商业信用）。

6.4　扩展分析

为了更加深入地了解我们主要结论背后的作用机制，我们在这个部分从以下3个方面进行了进一步探讨：（1）是否不同类别宏观审慎政策对企业商业信用的影响存在差异？（2）宏观审慎政策对企业商业信用的影响是否由银行信用供给冲击造成的？（3）一些重要的企业特征是否对宏观审慎政策与企业商业信用之间的关系有调节作用？

6.4.1　不同类别宏观审慎政策对企业商业信用影响的异质性

前文的研究中使用的均是综合的宏观审慎政策指数，关注的是宏观审

① 公用事业相关行业具体包括：电力、热力、燃气及水生产和供应业以及水利、环境和公共设施管理业。

慎政策总体上对企业商业信用的影响。然而，具有不同作用对象或中间目标的宏观审慎政策工具可能在作用于商业信用的影响程度和方向上存在差异，采用加总的综合指数会模糊掉总体效应背后的实际驱动力量。因此，我们将宏观审慎政策工具进行了分类，以分别考察不同类别政策工具的异质性影响。

首先，我们根据宏观审慎政策的直接作用对象对其进行分类。参考 Claessens 等（2013）、Cerutti 等（2017a）、Ayyagari 等（2018），我们将宏观审慎政策工具分为直接作用于金融机构 MaPP_FI 和直接作用于借款人 MaPP_Borrower 两类①。前者是针对金融机构的各项活动进行约束，而后者主要对借款人的负债进行限制。表 6.6 的前三列报告了相关回归结果。可以看到两类宏观审慎政策工具作用于企业商业信用的方式存在明显的差别：MaPP_FI 主要通过降低企业的对外商业信用提供 TC_AR 来提高企业的净商业信用利用 NTC；而 MaPP_Borrower 的收紧使企业增加了对合作方的资金占用，即 TC_AP，从而使企业净商业信用 NTC 的提高。具体地，作用于金融机构的宏观审慎政策 MaPP_FI 一个标准差的提高会使企业的商业信用提供 TC_AR 降低约 3.8 个百分点。可能的原因在于，直接作用于金融机构的宏观审慎政策的收紧会导致企业从金融机构的融资受限，从而企业需要收缩对外提供的商业信用来保持流动性。而作用于借款人的宏观审慎政策 MaPP_Borrower 一个标准差的增大会使得企业的商业信用利用 TC_AP 增加约 1.05 个百分点。MaPP_Borrower 的收紧使银行等金融机构降低了对借款人的贷款，从而可能会将这部分资金投向企业，使企业的商业信用需求相对更容易得到满足，最终提高了对商业信用的利用水平。

其次，我们还根据宏观审慎政策的中间目标进行了分类研究。参考 Claessens 等（2013）、Altunbas 等（2018）的做法，我们将 Alam 等（2019）提供的 17 种宏观审慎政策工具分为旨在增强银行系统抵御冲击能力的工具

① MaPP_FI 包括逆周期资本缓冲、资本留存缓冲、其他资本要求、杠杆率限制、贷款损失准备、贷款增长限制、其他贷款限制、流动性要求、准备金要求和税收工具等；MaPP_Borrower 则包括贷款价值比上限、贷款收入比以及负债收入上限。

表 6.6　　不同类别的宏观审慎政策工具对企业商业信用的影响

	(1)	(2)	(3)	(4)	(5)	(6)	(7)	(8)	(9)
	NTC	TC_AP	TC_AR	NTC	TC_AP	TC_AR	NTC	TC_AP	TC_AR
MaPP_FI	0.0014*** (0.000)	-0.0000 (0.948)	-0.0015*** (0.000)						
MaPP_Borrower	0.0026*** (0.000)	0.0018*** (0.001)	-0.0007 (0.150)						
MaPP_resilience				0.0013** (0.013)	-0.0009** (0.033)	-0.0023*** (0.000)			
MaPP_cycle				0.0017*** (0.000)	0.0004 (0.113)	-0.0014*** (0.000)			
MaPP_tightening							0.0020*** (0.000)	0.0006** (0.014)	-0.0013*** (0.000)
MaPP_easing							-0.0039*** (0.000)	-0.0021*** (0.000)	0.0015** (0.031)
控制变量	Yes	Yes	Yes	Yes	Yes	Yes	Yes	Yes	Yes
企业 FE	Yes	Yes	Yes	Yes	Yes	Yes	Yes	Yes	Yes
行业 FE	Yes	Yes	Yes	Yes	Yes	Yes	Yes	Yes	Yes
N	15318	15485	16531	15318	15485	16531	15318	15485	16531
within R^2	0.0843	0.0472	0.0651	0.0852	0.0474	0.0655	0.0853	0.0463	0.0646

MaPP_resilience 以及旨在平滑信贷顺周期的工具 MaPP_cycle[①]。前者主要针对的是金融体系系统性风险在横截面维度上的传染性，而后者针对的是金融体系系统性风险在时间维度上的周期性累积。表 6.6 的列（4）—（6）展示了相应的实证结果。可以看到 MaPP_resilience 同时降低了企业对商业信用的利用和提供，但对外商业信用提供的降低程度更高，从而最终对净商业信用 NTC 的影响为正；而 MaPP_cycle 仅显著降低了企业的对外商业信用供给 TC_AR，从而对 NTC 的影响也显著为正。相比而言，目标在增强银行风险抵御能力的宏观审慎政策工具 MaPP_resilience 对企业商业信用的影响更广，不仅显著影响了企业的商业信用提供，而且也对企业的商业信用获得造成了显著的影响。同时，相对于抑制信贷顺周期性的宏观审慎政策工具 MaPP_cycle，MaPP_resilience 对企业的商业信用供给能力 TC_AR 的影响也更大。我们在第 5 章的研究中也发现 MaPP_resilience 对企业的银行信贷抑制程度更高，与我们这里关于商业信用的研究结果一致，即受到更大银行信贷冲击的企业对其商业信用的调整程度也更大。

最后，为了考察宏观审慎政策对企业商业信用的影响是否对称，我们创建了紧缩宏观审慎政策指数 MaPP_tightening 和宽松宏观审慎政策指数 MaPP_easing。对应的回归结果如表 6.6 的列（7）—（9）所示。与预期相符，紧缩的宏观审慎政策使得企业增加了对商业信用的需求，同时降低了对商业信用的提供；相反地，宽松的宏观审慎政策降低了企业的商业信用需求，同时增加了供应商业信用的能力。总体来看，MaPP_easing 的回归系数绝对值都更大，说明单个宽松宏观审慎政策的影响力度更强，与第 5 章的研究结果一致。这可能是因为银行缺乏对宽松宏观审慎政策的监管规避动机（BIS，2018；Poghosyan，2020），从而宽松宏观审慎政策对银行信贷的影响幅度更大，导致企业更多地转向银行信贷而降低对商业信用的使用。

---

① MaPP_resilience 包括逆周期资本缓冲、资本留存缓冲、其他资本要求和杠杆率限制以及流动性覆盖比例；MaPP_cycle 则包括准备金要求、信贷增长限制、其他贷款限制、LTV、DSTI、贷存比、特定交易相关的税收要求以及动态贷款损失准备、外币贷款限制以及外汇头寸限制。

6.4.2　银行信贷供给与企业的商业信用

企业商业信用的变化可能是由于银行的信贷供给冲击，也可能是企业的主动需求变化导致的。为了清晰地识别宏观审慎政策的影响，我们通过在回归中加入企业层面的控制变量和个体企业的固定效应来控制企业对商业信用需求的变化。结合一些现有研究的发现，紧缩的宏观审慎政策会导致银行信贷供给的变化（例如，Claessens et al.，2013；Wang and Sun，2013；Aiyar et al.，2014），我们可以推断出前文发现的企业商业信用的变化是由宏观审慎政策带来的银行信用供给冲击造成的。为了进一步地验证这个结论，我们采用了与 Love 等（2007）类似的识别策略来分析对银行信贷依赖程度不同的企业对宏观审慎政策反应的异质性。我们认为，对银行融资依赖更高的企业更容易受到紧缩宏观审慎政策带来的银行信贷负面冲击，因而也更可能降低其商业信用供给以及使用更多来自合作方的商业信用。为了进行实证验证，我们对基准回归模型进行了扩展，加入了宏观审慎政策变量与企业的银行融资依赖变量的交乘项，具体如下：

$$
\begin{aligned}
TradeCredit_{it} = {} & \alpha + \beta MaPP_t + \eta BankReliance_{it-1} \\
& + \theta MaPP_t * BankReliance_{it-1} + \delta FirmChar_{it-1} \\
& + \gamma Macro_{jt} + I_{it} + f_i + \varepsilon_{it} \qquad (6.2)
\end{aligned}
$$

其中，$BankReliance_{it-1}$代表的是企业对银行融资的依赖程度变量，这里我们选取了 3 个相关指标：企业的总体银行借贷率 BankFin、企业的短期银行借贷率 shortBankFin 以及企业的长期银行借贷率 longBankFin，它们分别为企业的总银行借贷、短期银行借贷和长期银行借贷与总资产的比值。考虑到潜在的内生性问题，我们也将其进行了一阶滞后。这个回归中我们感兴趣的系数为 θ，即宏观审慎政策变量与企业的银行融资变量的交乘项 $MaPP_t * BankReliance_{it-1}$的系数。如果 θ 显著，并且方向与 β 一致，说明对银行融资依赖度更高的企业受宏观审慎政策的影响更大；反之则相反。

相关回归结果报告在表 6.7 中。从列（1）—（3）可以看到，宏观审慎政策变量与企业的总银行融资变量的交乘项系数在 TC_AR 回归中显著为负，在 NTC 的回归中显著为正。交乘项系数符号与基准回归中宏观审慎政

表 6.7　宏观审慎政策、企业的银行融资依赖与商业信用

	(1)	(2)	(3)	(4)	(5)	(6)	(7)	(8)	(9)
	NTC	TC_AP	TC_AR	NTC	TC_AP	TC_AR	NTC	TC_AP	TC_AR
MaPP	0.0010 *** (0.010)	0.0004 (0.130)	−0.0007 * (0.051)	0.0009 *** (0.008)	0.0004 * (0.095)	−0.0005 * (0.096)	0.0018 *** (0.000)	0.0005 ** (0.028)	−0.0013 *** (0.000)
MaPP × BankFin	0.0025 *** (0.000)	−0.0001 (0.794)	−0.0024 *** (0.000)						
MaPP × shortBankFin				0.0034 *** (0.000)	0.0001 (0.881)	−0.0033 *** (0.000)			
MaPP × longBankFin							0.0008 (0.359)	−0.0004 (0.542)	−0.0007 (0.358)
控制变量	Yes	Yes	Yes	Yes	Yes	Yes	Yes	Yes	Yes
企业 FE	Yes	Yes	Yes	Yes	Yes	Yes	Yes	Yes	Yes
行业 FE	Yes	Yes	Yes	Yes	Yes	Yes	Yes	Yes	Yes
N	15318	15485	16531	15[illegible]81	16085	17731	15322	15490	16583
within R^2	0.0900	0.0449	0.0743	0.0951	0.0418	0.0720	0.0846	0.0381	0.0761

策变量的方向一致，表明更高的银行融资水平加强了宏观审慎政策对企业商业信用的影响。具体而言，高银行融资依赖使得企业更大程度地降低了对外的商业信用供给，从而更多地增加了净商业信用的利用。一方面，这个结果支持了前文关于企业商业信用的调整是由银行信贷冲击导致的推论，即紧缩的宏观审慎政策降低了银行的信贷供给，而对银行依赖程度更高企业会受到更大的信贷冲击，从而更多地转向商业信用以弥补资金缺口。另一方面，回归结果也进一步证实了商业信用与银行信贷之间的替代作用。

为了进一步考察上述效应背后的驱动因素，我们将企业的银行融资分为短期银行借贷率 shortBankFin 以及长期银行借贷率 longBankFin。表 6.7 的列（4）—（6）报告了企业短期银行融资的相关结果。同样地，结果表明，企业更高短期银行融资水平加强了宏观审慎政策对企业商业信用的影响。而列（7）—（9）关于企业长期银行融资的结果发现，企业的长期银行融资水平并不会对宏观审慎政策与企业商业信用之间的关系产生显著的影响。这可能说明商业信用与银行信贷之间的替代作用主要体现在短期，商业信用并不能发挥对长期银行贷款的替代作用。此外，在第 5 章的研究中我们发现宏观审慎政策主要作用于企业的短期银行借款，因而我们这里的发现与前文相互印证，即更加依赖银行进行短期融资的企业在受到银行短期信贷供给冲击时，会更多地增加对商业信用的利用。

6.4.3　企业特征对宏观审慎政策与企业商业信用之间关系的影响

在这个部分，为了进一步揭示宏观审慎政策对企业商业信用的影响机制，我们探讨了一些主要的企业特征对宏观审慎政策与企业商业信用之间关系的影响，即宏观审慎政策对企业商业信用影响的异质性。结合现有文献和我国的实际情况，我们主要关注企业的股权性质 SOE、盈利能力 ROA 以及增长情况 Growth 发挥的调节作用。我们依然采用模型（2）的回归设计，即在模型（1）的基础上加上宏观审慎政策与企业特征变量的交乘项来考察相关企业特征变量带来的异质性影响。表 6.8 汇报了对应的回归结果。

表 6.8 宏观审慎政策对企业商业信用影响的异质性

	(1)	(2)	(3)	(4)	(5)	(6)	(7)	(8)	(9)
	NTC	TC_AP	TC_AR	NTC	TC_AP	TC_AR	NTC	TC_AP	TC_AR
MaPP	0.0017 *** (0.000)	-0.0000 (0.994)	-0.0017 *** (0.000)	0.0019 *** (0.000)	0.0004 * (0.070)	-0.0014 *** (0.000)	0.0018 *** (0.000)	0.0005 * (0.050)	-0.0014 *** (0.000)
MaPP × SOE	-0.0000 (0.915)	0.0004 *** (0.004)	0.0004 *** (0.008)						
MaPP × ROA				-0.0085 *** (0.000)	-0.0022 * (0.061)	0.0062 *** (0.000)			
MaPP × Growth							-0.0006 ** (0.010)	-0.0003 * (0.079)	0.0003 * (0.092)
控制变量	Yes	Yes	Yes	Yes	Yes	Yes	Yes	Yes	Yes
企业 FE	Yes	Yes	Yes	Yes	Yes	Yes	Yes	Yes	Yes
行业 FE	Yes	Yes	Yes	Yes	Yes	Yes	Yes	Yes	Yes
N	15318	15485	16531	15318	15485	16531	15318	15485	16531
within R^2	0.0838	0.0484	0.0682	0.0909	0.0456	0.0708	0.0888	0.0495	0.0654

首先，第（1）—（3）列报告了企业股权性质SOE的相关结果。可以看到，在企业的商业信用获得TC_AP的回归中，宏观审慎政策与SOE的交乘项系数显著为正，与基准回归中宏观审慎政策变量的影响方向一致。这个结果表明，相对于非国有企业，在受到宏观审慎政策冲击时国有企业能获得更多的来自合作方的商业信用。这与我国国有企业的特殊地位有关，国有企业一般被认为会受到相关政府的隐性背书，因而合作方对其经营的稳健性有比较好的预期，更加有意愿与其保持良好的合作关系，从而提供更多的商业信用。在商业信用提供TC_AR的回归中，该交乘项的系数显著为正，与基准回归中MaPP的系数相反，说明宏观审慎政策对国有企业商业信用的对外供给的降低程度更弱，即国有企业受到的影响更小。与第5章的研究结果相符，国有企业的银行融资受宏观审慎政策的负面影响更低，因此其对外提供商业信用能力的降低幅度也更低。

其次，表6.8的列（4）—（6）报告了企业盈利能力ROA的相关回归结果。可以明显地看到，在净商业信用NTC、商业信用的使用TC_AP和商业信用的提供TC_AR三个回归中，宏观审慎政策与企业盈利能力的交乘项的系数均显著，并且方向分别与相关基准回归中MaPP的系数相反，表明对盈利性越强的企业宏观审慎政策对其商业信用的影响越小。具体而言，当企业的盈利能力越强时，企业会更少地降低对外的商业信用提供，对来自合作方的商业信用的需求也更低，从而总体上对净商业信用的使用也更低。这个结果很符合直觉，因为盈利能力越强的企业往往内源资金比较充足，对银行融资的依赖性相对较低，从而受紧缩宏观审慎政策的冲击也越小，因此其对商业信用政策的调整程度也更小。

最后，我们关注了企业的增长速度Growth对宏观审慎政策影响的调节作用，对应结果报告在表6.8的列（7）—（9）。结果表明，企业的增长速度变量削弱了宏观审慎政策对企业商业信用的影响，即具有更高增长速度的企业其商业信用受宏观审慎政策的影响更小。相对而言，受紧缩宏观审慎政策冲击时，总体上高增长企业利用的净商业信用增长更少，其从合作方处获得的商业信用更低，但对上下游企业的商业信用供给的降低幅度也更低。高增长企业一般还处在经营扩张和市场地位/声誉的建立过程中，为了维持良好的上下游关系，其不得不更多地满足合作方的商业信用需求；同样的逻辑，对高增长企业经营稳定性以及声誉的不确定使得其合作方为其提供商业信用的动机较弱，同时高增长企业大多议价能力较弱，也无法对其上下游作出过多的商业信用要求。

6.5 宏观审慎政策对企业商业信用期限结构的影响

目前我们对宏观审慎政策影响企业商业信用的探讨仅从数量的角度开展的，我们的企业商业信用变量（NTC、TC_AP 和 TC_AR）只能反映商业信用数量上的变化，而无法揭示潜在的结构性变化。实际上，商业信用的期限结构也是企业商业信用政策的重要组成部分。期限结构中包含的信息能够帮助我们了解企业商业信用的逾期情况以及企业使用商业信用的潜在动机（Ge and Qiu，2007；Wu et al.，2014）。为了进一步完善前文的研究，我们在这个小节研究了宏观审慎政策对商业信用期限结构的影响。

为此，我们基于企业的商业信用账龄信息构建了期限结构相关变量①。AP_short 和 AP_long 分别为企业的短期和长期应付账款占其总资产的比例，而 Short－term AP 为短期应付账款占总应付账款的比例。类似地，AR_short 和 AR_long 分别为企业的短期和长期应收账款与总资产之比，而 Short－term AR 为短期应收账款与总应收账款的比例。我们同样采用模型（1）的实证设计，将新构建的期限结构变量分别作为被解释变量进行回归。

表 6.9 汇报了相关回归结果。第（1）—（3）列为应付账款的相关结果，可以看到无论是短期应付账款和长期应付账款的数量还是短期应付账款的占比都没有受到显著的影响。前文的基准回归结果发现宏观审慎政策对企业商业信用的获得 TC_AP 的影响比较些微，而这里的结果进一步说明在应付账款的期限结构上来看，宏观审慎政策也没有造成显著的影响。然而，列（4）—（6）关于应收账款的回归却得到了显著的结果。具体来看，紧缩的宏观审慎政策降低了长期应收账款的数量，而对短期应收账款没有

① 由于数据可得性，我们这里仅考虑企业的应收账款和应付账款项目，相关变量的构建也只基于有账龄数据的应收账款和应收账款。

显著的作用。从而，短期应收账款所占比例也得到了显著的提升。结合前文基准回归的结果，即紧缩的宏观审慎政策显著降低了企业的对外商业信用供给，我们可以发现企业主要是削减了长期应收账款。总体来看，宏观审慎政策对企业从合作方的商业信用获得影响不大，但导致企业对其上下游商业信用的提供显著地降低了，并且还缩短了商业信用的期限，使得短期商业信用的占比提高。

表 6.9　　宏观审慎政策对企业商业信用期限结构的影响

	应付账款 AP			应收账款 AR		
	(1)	(2)	(3)	(4)	(5)	(6)
	AP_short	AP_long	Short－term AP	AR_short	AR_long	Short－term AR
MaPP	0.0001 (0.276)	0.0000 (0.775)	－0.0002 (0.754)	0.0002 (0.188)	－0.0005*** (0.000)	0.0029*** (0.000)
控制变量	Yes	Yes	Yes	Yes	Yes	Yes
企业 FE	Yes	Yes	Yes	Yes	Yes	Yes
行业 FE	Yes	Yes	Yes	Yes	Yes	Yes
N	8001	7952	7934	16182	16042	15831
within R^2	0.0253	0.0818	0.0642	0.0222	0.0459	0.0342

从描述性统计可以看到，NTC 的均值和中位数均为负数，表明平均而言我们的样本企业为净商业信用的提供者。基于我们的样本企业均为上市企业，其对外提供的商业信用大于它们得到的商业信用也比较符合预期。当银行信贷供给受紧缩宏观审慎政策的影响而降低时，样本上市企业的银行借贷会受到负面的影响，而其合作方所受影响可能更大。在这种情况下，样本上市企业很难从其合作方获得更多的商业信用，因此应付账款的数量和期限结构都没有发生显著的变化。但是，作为净商业信用提供方，样本企业可以通过降低对外的信用供给而保持自身的流动性，甚至缩短信贷供给的到期期限。我们的结果可能会低估宏观审慎政策对非上市中小企业的影响，因为当银行信贷不可得时它们会更多地依赖商业信用（Meltzer，1960；Biais and Gollier，1997；Ge and Qiu，2007）。

6.6 本章小结

本章采用我国上市公司2000～2018年的数据研究了宏观审慎政策对企业商业信用的影响。我们发现紧缩的宏观审慎政策导致样本企业降低了对其上下游企业的商业信用供给，而更多地占用了其合作方的资金，即提高了对商业信用的使用，从而总体上增加了对净商业信用的使用。此外，基于宏观审慎政策工具的不同作用对象和直接目标，我们发现不同组别的宏观审慎政策工具对商业信用的影响存在异质性，并且紧缩和宽松的宏观审慎政策其作用也存在不对称性。进一步地，我们还从侧面证实了企业商业信用的变化是由紧缩宏观审慎政策带来的银行信贷冲击造成的，具体表现为：对银行融资依赖程度更高的企业对商业信用的调整幅度更大，其更大程度地降低了对外商业信用的提供以及更多地提高了对净商业信用的使用。另外，异质性分析的结果则表明，盈利能力更强和增长率更高的企业受宏观审慎政策的影响更小，而国有企业在同样的情况下不仅能获得更多的商业信用，而且也能更好地保持商业信用的供给能力。最后，对商业信用期限结构的分析进一步发现，受宏观审慎政策的影响企业缩短了其对外提供的商业信用的期限，而应付账款的期限结构却没有受到显著的改变。

总的来看，本章的研究结论支持了银行信贷与商业信用之间的替代关系，企业在一定程度上通过更多地利用商业信用来补充紧缩宏观审慎政策造成的银行信贷的收紧。从而，在宏观审慎政策保障金融系统稳定性——即降低系统性金融风险的同时，对企业从银行的融资水平的降低也得到了一定程度的补充，有助于降低宏观审慎政策可能对实体经济产生的“副作用”。当然，关于宏观审慎政策对企业层面各方面行为的影响还需进一步地研究，以更全面地评估宏观审慎政策对实体经济的潜在溢出影响。

第7章　结论、政策建议与研究展望

7.1　主要研究结论

2008～2009年全球金融危机的爆发使得监管部门和学术界都开始反思微观审慎监管的不足，仅着眼于个体金融机构的健康无法保证金融体系的整体稳定。各国纷纷开始探索致力于降低系统性金融风险、维持整个金融系统安全性的监管框架，即宏观审慎政策监管。近年来，我国宏观审慎政策框架的构建逐渐完善，宏观审慎政策的目标、风险评估、政策工具和责任主体等内容也逐渐清晰，我国宏观审慎政策的多样性和实施频率在国际上也首屈一指。然而，关于我国宏观审慎政策的有效性、在微观银行和企业层面的影响和传导机制方面还缺乏全面的研究。因此，本研究主要从个体银行和微观企业的角度对我国宏观审慎政策的有效性进行了考察，详细和全面地探讨了宏观审慎政策作用的潜在机制和影响的异质性，扩展了相关研究的边界，一定程度上弥补了现有研究对宏观审慎政策微观层面影响的缺乏。

本研究首先采用我国369家商业银行数据对宏观审慎政策在银行层面的有效性进行了考察。由于宏观审慎政策的最终目标是抑制系统性金融风险，因此，首先，本书研究了宏观审慎政策的实施对银行层面的系统性风险贡献或暴露产生的影响，然后还全面考察了个体银行的风险承担水平受到的影响。其次，我们还对宏观审慎政策进行了分类考察，以发掘不同宏观审慎政策工具作用的异质性以及宏观审慎政策影响的对称性。进一步地，我们还发现一些银行特征变量对宏观审慎政策与银行风险水平之间的关系具有调节作用。最后，我们对宏观审慎政策作用于个体银行风险水平的潜在机制进行了检验，并采用中介效应分析框架进行了验证。这部分的实证结果发现：(1) 紧缩的宏观审慎政策不仅能够有效地降低个体银行的系统性风险贡献或暴露程度，而且也显著地抑制了个体银行的风险承担水平；(2) 相比于直接作用于金融机构的宏观审慎政策工具，直接作用于借款人的宏观审慎政策工具对银行风险的抑制作用更强。旨在增强金融机构风险抵御能力的宏观审慎政策工具则比目标在于抑制金融机构顺周期行为的宏观审慎政策工具有效性更强。详细来看，流动性和资产相关的宏观审慎政策工具降低了个体银行风险，而准备金要求的提高反而增加了银行风险；(3) 宏观审慎政策的有效性具有不对称的性质，紧缩的宏观审慎政策能够降低个体银行风险，而宏观审慎政策的放松会使银行增加风险承担水平，并且单个宽松宏观审慎政策的影响强度更大；(4) 规模较大的银行以及上市银行受宏观审慎政策的影响更大，集中的银行体系以及宽松的货币政策则削弱了宏观审慎政策的有效性；(5) 宏观审慎政策作用于个体银行风险水平的渠道包括降低银行杠杆率、提高银行盈利性、降低银行收益的波动性以及提高银行体系的竞争程度。

现有相关研究发现宏观审慎政策对国家层面的信贷总量以及银行层面的信贷增长均会产生显著的影响，而宏观审慎政策在宏观层面以及对银行信贷行为的影响最终都会反映在微观经济主体上。因此，本书后续从微观企业的视角对宏观审慎政策的影响进行了深入的探讨，以拓展和丰富相关研究。具体地，我们利用我国的非金融上市公司数据研究了宏观审慎政策对企业的银行借贷水平的影响，在研究中我们同时关注了线性和非线性影响，也分别考察了宏观审慎政策对企业的短期和长期银行借贷的不同作用。同样地，文章也对不同宏观审慎政策工具类别的差异化影响进行了探讨，同时也分析了一些企业特征导致的影响的异质性。实证结果表明：(1) 宏观审慎政策的收紧确实显著地降低了企业的银行借贷水平，并且其影响呈现出明显的“U”形关系，即宏观审慎政策对企业银行借贷的抑制作用随着企业的银行借贷分布的分位数而上升，在中位数附近其效应达到最大，当分位数超过一定的阈值后宏观审慎政策的影响转而逐渐减弱；(2) 宏观审慎政策主要作用于企业的短期银行贷款，对企业的长期银行融资影响较小；(3) 基准结果主要由直接作用于金融机构的宏观审慎政策驱动，而作用于借款人的宏观审慎政策工具的有效范围较窄。此外，致力于提高金融系统抵御冲击能力的宏观审慎政策的平均效应大于抑制金融机构顺周期行为的宏观审慎政策的影响；（4）紧缩的宏观审慎政策降低了企业的银行融资，而宽松宏观审慎政策能够提高企业的银行融资水平，并且其平均影响强度更大，但作用范围更为有限；（5）在一定的分位数区间，宏观审慎政策对企业银行融资的抑制作用在私营企业和规模较小企业中更为有效，对制造业行业的企业影响也相对更大。

为了更加深入挖掘宏观审慎政策在微观企业层面的作用，我们在探讨了宏观审慎政策对企业的银行融资水平的影响之后，进一步地考察了其对企业的另一重要融资方式——商业信用的溢出效应。当企业从银行的融资受到宏观审慎政策的负向影响时，企业势必要寻求其他资金来源以维持正常运营，而作为企业的一种重要的短期融资渠道，商业信用与银行融资之间的关系在文献中也没有定论。因此，本书后续继续采用我国上市公司的数据研究了宏观审慎政策对企业商业信用的影响，主要结论如下：（1）紧缩的宏观审慎政策提高了企业的净商业信用，主要通过降低企业对外的商业信用供给，同时增加对合作方的资金占用；（2）直接作用于金融机构的宏观审慎政策显著地降低了企业的商业信用供给，而直接作用于借款人的宏观审慎政策则显著地提高了企业的商业信用使用。旨在提高金融系统韧性的宏观审慎政策工具显著地降低了企业的商业信用使用和供给，而抑制金融体系顺周期性的宏观审慎政策工具仅对企业的商业信用供给有显著的负向影响；（3）宏观审慎政策的效应存在不对称性，与紧缩的宏观审慎政策相反，宽松的宏观审慎政策降低了企业的净商业信用，分别降低了企业的商业信用利用水平，同时提高了企业的对外商业信用提供，并且宽松宏观审慎政策的影响强度更大；（4）对银行融资依赖程度更高的企业受宏观审慎政策的影响更大，侧面证实了银行信用与商业信用之间的替代关系。此外，这种替代关系主要体现在短期银行贷款与商业信用之间；（5）盈利能力强和增长率高的企业受紧缩宏观审慎政策的影响更小，而国有企业的商业信用获取能力和商业信用供给能力均得到了加强；（6）宏观审慎政策还对企业商业信用的期限结构产生了显著影响，主要表现为应收账款期限的缩短，对应付账款的期限结构没有显著的影响。

7.2 政策建议

根据本书的研究结果，我们认为在宏观审慎政策的制定和实施过程中有以下3点值得关注：

第一，在宏观审慎政策的制定和调整过程中要注重精准调控。不同的宏观审慎政策工具在抑制银行风险时的表现存在明显的差异，有的工具反而提高了银行的风险水平，造成了政策效果的抵消。并且，宏观审慎政策的效应针对不同特征的银行作用效果也存在显著差别。同样地，宏观审慎政策对微观企业的影响上也存在基于工具和企业特征的影响差异。因此，在政策制定和调整时，相关部门不仅需要对整体上宏观审慎政策可能产生的影响进行全面的评估，对不同宏观审慎政策工具在抑制系统性风险、个体银行风险和微观企业溢出效应的大小和方向也要有综合的衡量和预估，从而根据设定的目标进行特定宏观审慎政策工具的选择或组合，以更好地达到预计的效果并避免或降低对其他主体的负面影响。

第二，要关注宏观审慎政策对实体经济的潜在溢出效应。我们的研究结果表明宏观审慎政策对微观企业融资的结构以及期限结构都会产生显著的影响，宏观审慎政策对金融机构行为的约束显然溢出到了实体经济的微观主体上。而宏观审慎政策对企业融资行为的影响很可能进一步反映到企业的投资和产出结果上，已有部分研究提供了相关证据。因此，在制定、实施和调整宏观审慎政策时，相关部门不仅需要考虑其对系统性风险和银行风险的作用效果，也要对其可能造成的实体经济影响进行充分的估计，对宏观审慎政策实施的收益和成本进行全面的了解，以权衡出最优的政策组合，降低对实体经济的潜在负面溢出。

第三，加强宏观审慎政策与货币政策的协调配合。货币政策和宏观审慎政策组成了我国的“双支柱”调控框架，研究结果也证实了货币政策环境会对宏观审慎政策的效果造成显著的影响。从逻辑上看，宏观审慎政策通过对金融机构行为的约束抑制了金融系统的顺周期波动、系统性风险的累积和传染，促进了金融机构和金融基础设施的稳健运行，对货币政策的实施和传导都有正面的促进作用。同时，货币政策环境及其变化也会对宏观审慎政策的执行效果产生影响，对金融稳定构成重要影响，在宏观审慎政策的制定过程中也需要将货币政策作为重要的影响因素进行考虑。因此，强化宏观审慎政策与货币政策的协调配合有利于促进价格稳定和金融稳定双目标的实现，也有利于促进"双支柱"调控框架的健全。

7.3 研究展望

虽然本书对现有宏观审慎相关研究有一定的补充和扩展，但全面评估宏观审慎政策的有效性以及健全宏观审慎政策监管框架仍然有很长的路要走。基于相关研究的现状，我们认为在后续研究中至少有以下4个方面值得进一步探讨：

第一，系统性风险的准确衡量以及宏观审慎政策强度的量化。宏观审慎政策的有效制定首先要基于准确的系统性风险评估，而现有文献关于系统性风险的衡量方法未有定论，不同的衡量方法各有优劣势，运用到的金融系统信息也各不相同。在后续研究中或许可以考虑将股票市场交易数据、金融机构资产负债表和利润表等财务报表数据以及金融机构之间网络连接关系等信息进行整合，创建出一个能够反映金融体系各方面综合信息的系统性风险衡量方法。另外，在方法的创新过程中不仅要考虑到指标的准确性，也要兼顾及时性和可预测性，为相应政策的制定和实施留出时间。此外，现有研究中对宏观审慎政策变量的构建主要基于对问卷调查和政策文件的信息提取，并对逐条宏观审慎政策进行赋值，这种方法侧重于对宏观审慎政策的实施频率以及政策方向的反映，而缺乏对政策强度的度量。因而，现有研究无法区分不同宏观审慎政策之间的强度差异，无法对后续政策的精准制定提供有益的信息。在后续研究中，或许可以采用一些新的技术手段对不同宏观审慎政策的强度进行识别和衡量。

第二，宏观审慎政策作用于系统性风险和个体银行风险的机制问题。现有文献多直接关注宏观审慎政策对一些反映系统性金融风险的结果变量的影响，例如宏观层面的信贷增长、房价增长、银行层面的系统性风险指标以及个体银行风险等，而对宏观审慎政策的作用机制探讨不够。从内容上看，宏观审慎政策旨在通过对金融机构的各种活动和监管指标进行动态调整从而限制系统性风险的累积和传染，但是这些政策调整如何最终作用于相关风险指标的，这中间的作用机制还不清晰，不利于整体把握宏观审慎政策的影响和对其进行精准调控。除风险指标之外，宏观审慎政策或许也会影响金融机构在其他维度的表现，例如盈利性、运营效率和竞争程度等，对这些维度的全面考察也许有利于揭示宏观审慎政策对风险的作用途径。此外，不同宏观审慎政策工具的作用对象和调整指标存在差异，是否不同宏观审慎政策工具的有效性和作用机制也不同，也还需进一步地深入研究。

第三，宏观审慎政策与其他政策的协调配合。我国“双支柱”调控框架的确立使得宏观审慎政策被提到了与货币政策同样的高度，宏观审慎政策与货币政策的协调配合问题也开始引起重视。学术界对这两种政策之间可能存在的溢出效应和叠加效应都有一定的探讨，但缺乏成熟的理论框架，使得相关研究还处于初始阶段，有待进一步推进。另外，文献中鲜见关注宏观审慎政策与微观审慎政策监管的协调配合问题的研究，从两种政策工具的部分叠加、作用对象的重合、风险监测方面的信息沟通以及对监管数据的共同依赖来看，宏观审慎政策和微观审慎政策在效应发挥的过程中势必会互相影响，值得后续研究跟进。此外，宏观审慎政策也可能会与财政政策、产业政策和信贷政策等互相作用，现有研究也少有对这些话题进行讨论，也有待后续研究。

第四，宏观审慎政策对实体经济的溢出效应以及微观传导机制问题。现有研究大多研究宏观审慎政策在金融体系的影响，无论是从宏观层面还是微观银行层面，少有研究探索宏观审慎政策的影响如何影响微观主体的活动以及如何溢出到实体经济。虽然宏观审慎政策的目标在于抑制金融体系的系统性风险，但是其对金融机构行为的影响必然会传导到微观企业层面，从而可能会对企业的投融资和产出等行为产生影响，进而可能对整个实体经济产生溢出效应。进一步地，宏观审慎政策影响实体经济的潜在微观传导机制也值得探索。这些话题的研究对宏观审慎政策的全面评估具有重要的理论和实际价值，在防范系统性金融风险的同时也要注重对实体经济的影响，提高金融服务实体经济的能力。

参考文献

［1］巴曙松，王璟怡，杜婧. 从微观审慎到宏观审慎：危机下的银行监管启示［J］. 国际金融研究，2010（5）：83－89.

［2］曾海舰，苏冬蔚. 信贷政策与公司资本结构［J］. 世界经济，2010（8）：17－42.

［3］陈胜蓝，马慧. 贷款可获得性与公司商业信用——中国利率市场化改革的准自然实验证据［J］. 管理世界，2018（11）：108－120，149.

［4］陈雨露，马勇. 宏观审慎监管：目标、工具与相关制度安排［J］. 经济理论与经济管理，2012（3）：5－15.

［5］程方楠，孟卫东. 宏观审慎政策与货币政策的协调搭配——基于贝叶斯估计的 DSGE 模型［J］. 中国管理科学，2017（1）：11－20.

［6］程海星. 金融周期与“双支柱”调控效果［J］. 国际金融研究，2018（9）：35－44.

［7］邓路，刘瑞琪，廖明情. 宏观环境、所有制与公司超额银行借款［J］. 管理世界，2016（9）：149－160.

［8］樊明太，叶思晖. 宏观审慎政策使用及其有效性研究——来自全球 62 个国家的证据［J］. 国际金融研究，2020（12）：33－42.

［9］方意，赵胜民，谢晓闻. 货币政策的银行风险承担分析——兼论货币政策与宏观审慎政策协调问题［J］. 管理世界，2012（11）：9－19＋56＋187.

［10］郭晔，黄振，姚若琪. 战略投资者选择与银行效率——来自城商行的经验证据［J］. 经济研究，2020（1）：181－197.

［11］何玉洁，赵胜民. 房地产审慎监管的有效性及与货币政策协调性分析——基于中国 2002～2017 年数据的实证研究［J］. 当代经济科学，2019（1）：101－111.

［12］洪昊，陈一稀，项燕彪．宏观审慎管理机制对货币政策的影响效应研究［J］．国际金融研究，2018（9）：45－55.

［13］黄继承，姚驰，姜伊晴，等．“双支柱”调控的微观稳定效应研究［J］．金融研究，2020（7）：1－20.

［14］黄兴李，邓路，曲悠．货币政策、商业信用与公司投资行为［J］．会计研究，2016（2）：58－65＋96.

［15］黄益平，曹裕静，陶坤玉，等．货币政策与宏观审慎政策共同支持宏观经济稳定［J］．金融研究，2019（12）：70－91.

［16］江曙霞，陈玉婵．货币政策、银行资本与风险承担［J］．金融研究，2012（4）：1－16.

［17］江伟，曾业勤．金融发展、产权性质与商业信用的信号传递作用［J］．金融研究，2013（6）：89－103.

［18］荆中博，方意．中国宏观审慎政策工具的有效性和靶向性研究［J］．财贸经济，2018（10）：75－90.

［19］李斌，吴恒宇．对货币政策和宏观审慎政策双支柱调控框架内在逻辑的思考［J］．金融研究，2019（12）：1－17.

［20］李广子，刘力．债务融资成本与民营信贷歧视［J］．金融研究，2009（12）：137－150.

［21］李拉亚．双支柱调控框架的新目标制研究［J］．管理世界，2020（10）：27－41.

［22］李楠，吴武清，樊鹏英，等．宏观审慎资本监管对信贷增长影响的实证研究［J］．管理评论，2013（6）：11－18＋94.

［23］李双建，田国强．银行竞争与货币政策银行风险承担渠道：理论与实证［J］．管理世界，2020（4）：149－168.

［24］李妍．宏观审慎监管与金融稳定［J］．金融研究，2009（8）：52－60.

［25］梁琪，李政，卜林．中国宏观审慎政策工具有效性研究［J］．经济科学，2015（2）：5－17.

［26］林毅夫，李永军．中小金融机构发展与中小企业融资［J］．经济研究，2001（1）：10－18.

[27] 刘澜飚，戴金甫．中国宏观审慎政策工具有效性与银行风险[J]．南开学报（哲学社会科学版），2019（2）：158－167.

[28] 陆正飞，杨德明．商业信用：替代性融资，还是买方市场？[J]管理世界，2011（4）：6－14＋45.

[29] 陆正飞，祝继高，樊铮．银根紧缩、信贷歧视与民营上市公司投资者利益损失[J]．金融研究，2009（8）：124－136.

[30] 罗煜，张祎，朱文宇．基于银行流动性管理视角的宏观审慎与货币政策协调研究[J]．金融研究，2020（10）：19－37.

[31] 马骏，何晓贝．货币政策与宏观审慎政策的协调[J]．金融研究，2019（12）：58－69.

[32] 马勇，陈点点．宏观审慎政策如何影响企业金融化？[J]．国际金融研究，2020（3）：13－22.

[33] 马勇，付莉．“双支柱”调控、政策协调搭配与宏观稳定效应[J]．金融研究，2020（8）：1－17.

[34] 马勇，姚驰．监管压力、经济周期与宏观审慎政策效果[J]．经济理论与经济管理，2017（10）：5－16.

[35] 马勇，姚驰．双支柱下的货币政策与宏观审慎政策效应——基于银行风险承担的视角[J]．管理世界，2021（6）：3＋51－69.

[36] 马勇．“双支柱”调控框架的理论与经验基础[J]．金融研究，2019（12）：18－37.

[37] 苗永旺，王亮亮．金融系统性风险与宏观审慎监管研究[J]．国际金融研究，2010（8）：59－68.

[38] 祁敬宇，刘莹．“双支柱”调控对商业银行风险承担的影响[J]．国际金融研究，2021（9）：55－64.

[39] 饶品贵，姜国华．货币政策对银行信贷与商业信用互动关系影响研究[J]．经济研究，2013（1）：68－82＋150.

[40] 邵梦竹．宏观审慎政策对银行风险承担的影响——基于跨国实证的视角[J]．金融监管研究，2019（5）：30－46.

[41] 石晓军，李杰．商业信用与银行借款的替代关系及其反周期性：1998－2006年[J]．财经研究，2009（3）：4－15.

[42] 石晓军，张顺明，李杰．商业信用对信贷政策的抵消作用是反周期的吗？来自中国的证据［J］．经济学（季刊），2010（1）：213－236.

[43] 石晓军，张顺明．经济周期中商业信用与银行借款替代行为研究［J］．管理科学学报，2010（12）：10－22.

[44] 石晓军，张顺明．商业信用、融资约束及效率影响［J］．经济研究，2010（1）：102－114.

[45] 宋科，李振，赵宣凯．宏观审慎政策、经济周期与银行风险承担［J］．经济理论与经济管理，2019（1）：43－58.

[46] 宋科，李振．宏观审慎政策、杠杆率与银行风险承担［J］．金融监管研究，2019（10）：1－19.

[47] 宋科，邵梦竹．中央银行与宏观审慎政策有效性——来自121家央行的经验证据［J］．国际金融研究，2020（6）：44－53.

[48] 苏帆，于寄语，熊劼．更高资本充足率要求能够有效防范金融风险吗？——基于双重差分法的再检验［J］．国际金融研究，2019（9）：76－86.

[49] 苏嘉胜，王曦．宏观审慎管理的有效性及其与货币政策的协调［J］．财贸经济，2019（9）：65－83.

[50] 孙华妤，郑莉萍，廖佳．货币政策、信贷期限结构与企业金融化［J］．国际金融研究，2021（8）：13－21.

[51] 孙浦阳，李飞跃，顾凌骏．商业信用能否成为企业有效的融资渠道——基于投资视角的分析［J］．经济学（季刊），2014（4）：1637－1652.

[52] 王爱俭，王璟怡．宏观审慎政策效应及其与货币政策关系研究［J］．经济研究，2014（4）：17－31.

[53] 王晋斌，李博．中国货币政策对商业银行风险承担行为的影响研究［J］．世界经济，2017（1）：25－43.

[54] 王祺，马思超，彭俞超．宏观审慎政策降低了商业银行盈利性吗？［J］．国际金融研究，2021（3）：57－67.

[55] 王信，贾彦东．货币政策和宏观审慎政策的关联及启示——基于英格兰银行的经验［J］．金融研究，2019（12）：38－57.

[56] 王志强，李青川．资本流动、信贷增长与宏观审慎监管政策——

基于门限向量自回归的实证分析［J］. 财贸经济，2014（4）：38－47.

［57］温忠麟，叶宝娟. 中介效应分析：方法和模型发展［J］. 心理科学进展，2014（5）：731－745.

［58］温忠麟，张雷，侯杰泰，等. 中介效应检验程序及其应用［J］. 心理学报，2004（5）：614－620.

［59］吴俊，康继军，张宗益. 中国经济转型期商业银行资本与风险行为研究——兼论巴塞尔协议在我国的实施效果［J］. 财经研究，2008（1）：51－61.

［60］项后军，郜栋玺，陈昕朋. 基于"渠道识别"的货币政策银行风险承担渠道问题研究［J］. 管理世界，2018（8）：55－66.

［61］杨昊龙，方意，李宪铎，等. "金砖国家"宏观审慎政策有效性研究［J］. 宏观经济研究，2017（1）：163－175.

［62］余晶晶，何德旭，仝菲菲. 竞争、资本监管与商业银行效率优化——兼论货币政策环境的影响［J］. 中国工业经济，2019（8）：24－41.

［63］张大永，张志伟. 竞争与效率——基于我国区域性商业银行的实证研究［J］. 金融研究，2019（4）：111－129.

［64］张健华，贾彦东. 宏观审慎政策的理论与实践进展［J］. 金融研究，2012（1）：20－35.

［65］张杰，刘元春，翟福昕，等. 银行歧视、商业信用与企业发展［J］. 世界经济，2013（9）：94－126.

［66］张礼卿，张宇阳，欧阳远芬. 基于金融部门异质性的宏观审慎政策有效性研究［J］. 国际金融研究，2020（11）：3－12.

［67］张新民，王珏，祝继高. 市场地位、商业信用与企业经营性融资［J］. 会计研究，2012（8）：58－65＋97.

［68］张璇，李子健，李春涛. 银行业竞争、融资约束与企业创新——中国工业企业的经验证据［J］. 金融研究，2019（10）：98－116.

［69］张雪兰，何德旭. 货币政策立场与银行风险承担——基于中国银行业的实证研究（2000～2010）［J］. 经济研究，2012（5）：31－44.

［70］赵艳平，秦力宸，黄友星. 外部宏观审慎政策对我国企业杠杆率的溢出效应研究［J］. 国际金融研究，2021（2）：77－86.

[71] 钟凯，程小可，张伟华．货币政策、信息透明度与企业信贷期限结构［J］．财贸经济，2016（3）：60－77．

[72] 周小川．金融政策对金融危机的响应——宏观审慎政策框架的形成背景、内在逻辑和主要内容［J］．金融研究，2011（1）：1－14．

[73] 周晔，陈亚杰．宏观审慎政策工具的有效性检验——基于对114家商业银行的实证分析［J］．金融监管研究，2021（1）：49－65．

[74] 邹传伟．对BaselⅢ逆周期资本缓冲效果的实证分析［J］．金融研究，2013（5）：60－72．

[75] Acharya, V. V., Pedersen, L. H., Philippon, T. and Richardson, M. Measuring Systemic Risk [J]. Review of Financial Studies, 2017, 30 (1): 2－47.

[76] Adrian, T. and Brunnermeier, M. K. CoVaR [J]. American Economic Review, 2016, 106 (7): 1705－1741.

[77] Agostino, M. and Trivieri, F. Does trade credit play a signalling role? Some evidence from SMEs microdata [J]. Small Business Economics, 2014, 42 (1): 131－151.

[78] Ahnert, T., Forbes, K., Friedrich, C., & Reinhardt, D. Macroprudential FX regulations: Shifting the snowbanks of FX vulnerability? [J]. Journal of Financial Economics, 2021, 140 (1): 145－174.

[79] Ahuja, A., Nabar, M. Safeguarding Banks and Containing Property Booms: Cross－Country Evidence on Macroprudential Policies and Lessons from Hong Kong SAR. IMF Working Paper, 2011, WP/11/284.

[80] Aiyar, S., Calomiris, C. W., Wieladek, T. Does Macro－Prudential Regulation Leak? Evidence from a UK Policy Experiment [J]. Journal of Money, Credit and Banking, 2014, 46 (s1): 181－214.

[81] Akinci, O., Olmstead－Rumsey, J. How effective are macroprudential policies? An empirical investigation [J]. Journal of Financial Intermediation, 2018, 33: 33－57.

[82] Akins, B., Li, L., Ng, J., & Rusticus, T. O. Bank Competition and Financial Stability: Evidence from the Financial Crisis [J]. Journal of

Financial and Quantitative Analysis, 2016, 51 (1): 1 -28.

[83] Alam, Z. , Alter, A. , Eiseman, J. , Gelos, G. , Kang, H. , Narita, M. , Nier, E. , & Wang, N. Digging Deeper—Evidence on the Effects of Macroprudential Policies from a New Database. IMF Working Paper, 2019, WP/19/66.

[84] Allen, L. , Bali, T. G. , Tang, Y. Does systemic risk in the financial sector predict future economic downturns? Review of Financial Studies [J]. 2012, 25 (10): 3000 -3036.

[85] Almeida, H. , Campello, M. Financial constraints, asset tangibility, and corporate investment. Review of Financial Studies [J]. 2007, 20: 1429 -1460.

[86] Altunbas, Y. , Binici, M. , & Gambacorta, L. Macroprudential policy and bank risk [J]. Journal of International Money and Finance, 2018, 81: 203 -220.

[87] Altunbas, Y. , Carbo, S. , Gardener, E. P. M. , Molyneux, P. Examining the relationships between capital, risk and efficiency in European banking [J]. European Financial Management, 2007, 13: 49 -70.

[88] Andrieş, A. M. , Melnic, F. , & Sprincean, N. The effects of macroprudential policies on credit growth [J]. The European Journal of Finance, 2021, 4: 1 -33.

[89] Andrieu, G. , Staglianò, R. , & van der Zwan, P. Bank debt and trade credit for SMEs in Europe: Firm - , industry - , and country - level determinants [J]. Small Business Economics, 2018, 51 (1): 245 -264.

[90] Arnold, B. , Borio, C. , Ellis, L. , Moshirian, F. Systemic risk, macroprudential policy frameworks, monitoring financial systems and the evolution of capital adequacy [J]. Journal of Banking & Finance, 2012, 36: 3125 -3132.

[91] Assaf, A. G. , Berger, A. N. , Roman, R. A. , Tsionas, M. G. Does efficiency help banks survive and thrive during financial crises? [J]. Journal of Banking & Finance, 2019, 106: 445 -470.

[92] Ayyagari, M. , Beck, T. , & Peria, M. S. M. The Micro Impact of Macroprudential Policies Firm - Level Evidence. IMF Working Paper, 2018,

WP/18/267.

[93] Bank for International Settlements. "Recent innovations in international banking", report prepared by a study group established by the central banks of the G10 countries, Basel, April (Cross Report), 1986.

[94] Bank for International Settlements. "Annual economic report," June 2018 (Bank for International Settlements: Basel), 2018.

[95] Baron, R. M., Kenny, D. A. The moderator - mediator variable distinction in social psychological research: conceptual, strategic, and statistical considerations [J]. Journal of Personality and Social Psychology, 1986, 51: 1173 -1182.

[96] Barroso, J. B. R. B., Gonzalez, R. B., & Van Doornik, B. F. N. Credit supply responses to reserve requirement: Loan - level evidence from macroprudential policy. BIS Working Paper, 2017, WP/17/674.

[97] Barth, J. R., Lin, C., Ma, Y., Seade, J., Song, F. M. Do bank regulation, supervision and monitoring enhance or impede bank efficiency? [J] Journal of Banking & Finance, 2013, 37: 2879 -2892.

[98] Bassett, W. F., & Marsh, W. B. Assessing targeted macroprudential financial regulation: The case of the 2006 commercial real estate guidance for banks [J]. Journal of Financial Stability, 2017, 30: 209 -228.

[99] Beck, T., A. Demirgüç - Kunt and V. Maksimovic Financial and Legal Constraints to Firm Growth: Does Firm Size Matter? [J] Journal of Finance, 2005, 60: 137 -177.

[100] Beck, T., A. Demirguüç - Kunt., L. Laeven., V. Maksimovic. The Determinants of Financing Obstacles [J]. Journal of International Money and Finance, 2006, 25 (6): 932 -952.

[101] Beck, T., A. Demirguc - Kunt., V. Maksimovic. Financing Patterns Around the World: Are Small Firms Different? [J]. Journal of Financial Economics, 2008, 89: 467 -487.

[102] Beck, T., De Jonghe, O., & Schepens, G. Bank competition and stability: Cross - country heterogeneity [J]. Journal of Financial Interme-

diation, 2013, 22 (2): 218 -244.

[103] Beck, T., Demirgüç - Kunt, A., & Levine, R. Bank concentration, competition, and crises: First results [J]. Journal of Banking & Finance, 2006, 30 (5): 1581 -1603.

[104] Belotti, F., & Ilardi, G. Consistent inference in fixed - effects stochastic frontier models [J]. Journal of Econometrics, 2018, 202 (2): 161 -177.

[105] Berger, A. N., DeYoung, R. Problem loans and cost efficiency in commercial banks [J]. Journal of Banking & Finance, 1997, 21: 849 -870.

[106] Berger, A., G. Udell. Relationship Lending and Lines of Credit in Small Firm Finance [J]. Journal of Business, 1995, 68 (3): 351 -381.

[107] Biais, B., & Gollier, C. Trade Credit and Credit Rationing [J]. Review of Financial Studies, 1997, 10 (4): 903 -937.

[108] Bitar, M., Pukthuanthong, K., Walker, T. The effect of capital ratios on the risk, efficiency and profitability of banks: Evidence from OECD countries [J]. Journal of International Financial Markets, Institutions and Money, 2018, 53: 227 -262.

[109] Borio, C. Implementing the macroprudential approach to financial regulation and supervision [J]. Financial Stability Review, 2009, 7 (13): 31 -41.

[110] Borio, C., & Zhu, H. Capital regulation, risk - taking and monetary policy: A missing link in the transmission mechanism? [J] Journal of Financial Stability, 2012, 8 (4): 236 -251.

[111] Borio, C. Towards a Macroprudential Framework for Financial Supervision and Regulation? BIS Working Paper, 2003, WP/03/49.

[112] Borio, C., Furfine, C., Lowe, P. Procyclicality of the financial system and financial stability: issues and policy options. BIS Working Paper, 2001, WP/01/01.

[113] Boyd, J. H., & De Nicoló, G. The Theory of Bank Risk Taking and Competition Revisited [J]. The Journal of Finance, 2005, 60 (3):

1329 – 1343.

[114] Brandt, L., Li, H. Bank discrimination in transition economies: ideology, information, or incentives? [J]. Journal of Comparative Economics, 2003, 31 (3): 387 – 413.

[115] Brennan, M. J., Maksimovic, V., Zechner, J. Vendor Financing [J]. The Journal of Finance, 1988, 43: 1127 – 1141.

[116] Brownlees, C., Engle, R. F. SRISK: A Conditional Capital Shortfall Measure of Systemic Risk [J]. Review of Financial Studies, 2017, 30 (1): 48 – 79.

[117] Brunnermeier and A. Krishnamurthy (Eds.), Systemic Risk and Macro Modeling, Chapter 1, University of Chicago Press.

[118] Bruno, V., Shim, I., Shin, H. S. Comparative assessment of macroprudential policies [J]. Journal of Financial Stability, 2017, 28: 183 – 202.

[119] Budnik, K., Kleibl, J.. Macroprudential regulation in the European Union in 1995 – 2014: Introducing a new data set on policy actions of a macroprudential nature. ECB Working Paper, 2018, WP/18/2123.

[120] Burkart, M., & Ellingsen, T. In – Kind Finance: A Theory of Trade Credit [J]. American Economic Review, 2004, 94 (3): 569 – 590.

[121] Cantù, C., Gambacorta, L., & Shim, I. How effective are macroprudential policies in Asia – Pacific? Evidence from a meta – analysis. BIS Working Paper, 2020, WP/20/110.

[122] Carbó – Valverde, S., Rodríguez – Fernández, F., & Udell, G. F. Trade Credit, the Financial Crisis, and SME Access to Finance [J]. Journal of Money, Credit and Banking, 2016, 48 (1): 113 – 143.

[123] Casey, E., & O'Toole, C. M. Bank lending constraints, trade credit and alternative financing during the financial crisis: Evidence from European SMEs [J]. Journal of Corporate Finance, 2014, 27: 173 – 193.

[124] Cerutti, E., Claessens, S., & Laeven, L. The use and effectiveness of macroprudential policies: New evidence [J]. Journal of Financial Stability, 2017a, 28: 203 – 224.

[125] Cerutti, E., Correa, R., Fiorentino, E., & Segalla, E. Changes in Prudential Policy Instruments—A New Cross - Country Database [J]. International Journal of Central Banking, 2017b, 13: 477 - 503.

[126] Chen, M., Kang, Q., Wu, J., & Jeon, B. N. Do macroprudential policies affect bank efficiency? Evidence from emerging economies [J]. Journal of International Financial Markets, Institutions and Money, 2022, 77: 101529.

[127] Chen, M., Wu, J., Jeon, B. N., & Wang, R. Do foreign banks take more risk? Evidence from emerging economies [J]. Journal of Banking & Finance, 2017, 82: 20 - 39.

[128] Choi, W. G., & Kim, Y. Trade Credit and the Effect of Macro - Financial Shocks: Evidence from U. S. Panel Data [J]. The Journal of Financial and Quantitative Analysis, 2005, 40 (4): 897 - 925.

[129] Chortareas, G. E., Girardone, C., Ventouri, A. Bank supervision, regulation, and efficiency: Evidence from the European Union [J]. Journal of Financial Stability, 2012, 8: 292 - 302.

[130] Claessens, S., Ghosh, S. R., & Mihet, R. Macro - prudential policies to mitigate financial system vulnerabilities [J]. Journal of International Money and Finance, 2013, 39: 153 - 185.

[131] Clement, P. The term "macroprudential": origins and evolution [J]. BIS Quarterly Review, 2010.

[132] Committee on the Global Financial System, Macroprudential instruments and frameworks: A stocktaking of issues and experiences, CGFS Papers 2010/38, 2010.

[133] Committee on the Global Financial System, Operationalising the selection and application of macroprudential instruments, CGFS Papers 2012/48, 2012.

[134] Cook, L. D. Trade credit and bank finance: Financing small firms in Russia [J]. Journal of Business Venturing, 1999, 14: 493 - 518.

[135] Crockett, A. Marrying the micro - and macroprudential dimensions

of financial stability. BIS Speeches, 2000, 21 September.

[136] Cull, R., Xu, L. C., & Zhu, T. Formal finance and trade credit during China's transition [J]. Journal of Financial Intermediation, 2009, 18: 173 - 192.

[137] D'Mello, R., Toscano, F. Economic policy uncertainty and short - term financing: The case of trade credit [J]. Journal of Corporate Finance, 2020, 64: 101686.

[138] Danielson, M. G., & Scott, J. A. Bank Loan Availability and Trade Credit Demand [J]. The Financial Review, 2004, 39: 579 - 600.

[139] Daskalakis, N., Balios, D., & Dalla, V. The behaviour of SMEs' capital structure determinants in different macroeconomic states [J]. Journal of Corporate Finance, 2017, 46: 248 - 260.

[140] Dassatti Camors, C., Peydró, J. - L., & Rodriguez - Tous, F. Macroprudential and Monetary Policy: Loan - Level Evidence from Reserve Requirements. Barcelona Graduate School of Economics Working Paper/1091, 2019.

[141] Davis, E. P., Karim, D., & Noel, D. The effects of macroprudential policy on banks' profitability [J]. International Review of Financial Analysis, 2021, 101989.

[142] De Schryder, S., & Opitz, F. Macroprudential policy and its impact on the credit cycle [J]. Journal of Financial Stability, 2021, 53: 100818.

[143] DeAngelo, H., Masulis, R. W. Optimal capital structure under corporate and personal taxation [J]. Journal of Financial Economics, 1980, 8: 3 - 29.

[144] Demsetz, R. S., Strahan, P. E. Diversification, size, and risk at bank holding companies [J]. Journal of Money, Credit and Banking, 1997, 29: 300 - 313.

[145] Djalilov, K., & Piesse, J. Bank regulation and efficiency: Evidence from transition countries [J]. International Review of Economics & Finance, 2019, 64: 308 - 322.

[146] Duchin R, Ozbas O, Sensoy B A. Costly external finance, corporate investment, and the subprime mortgage credit crisis [J]. Journal of Financial Economics, 2010, 97 (3): 418 –435.

[147] European Systemic Risk Board. The ESRB Handbook on Operationalising Macro – prudential Policy in the Banking Sector, 2014.

[148] Favara, G., Ivanov, I., & Rezende, M. GSIB surcharges and bank lending: Evidence from US corporate loan data [J]. Journal of Financial Economics, 2021, S0304405X21002968.

[149] Fendoğlu, S. Credit cycles and capital flows: Effectiveness of the macroprudential policy framework in emerging market economies [J]. Journal of Banking & Finance, 2017, 79: 110 – 128.

[150] Fernαndez, A. I., Gonzαlez, F., & Suαrez, N. Bank supply shocks and the substitution between bank and nonbank debt [J]. Journal of Corporate Finance, 2018, 48: 122 – 147.

[151] Ferrando, A., & Mulier, K. Do firms use the trade credit channel to manage growth? [J]. Journal of Banking & Finance, 2013, 37 (8): 3035 – 3046.

[152] Ferris, J. S. A Transactions Theory of Trade Credit Use [J]. The Quarterly Journal of Economics, 1981, 96: 243.

[153] Financial Stability Board, 2009, "Report of the Financial Stability Forum on Addressing Procyclicality in the Financial System".

[154] Financial Stability Board, "Report of the Financial Stability Forum on Addressing Procyclicality in the Financial System", 2011.

[155] Financial Stability Board, International Monetary Fund, and Bank for International Settlements, "Macroprudential Policy Tools and Frameworks Progress Report to G20", 2011.

[156] Fiordelisi, F., Marques – Ibanez, D., Molyneux, P. Efficiency and risk in European banking [J]. Journal of Banking & Finance, 2011, 35: 1315 – 1326.

[157] Firpo, S., Fortin, N. M., & Lemieux, T. Unconditional Quan-

tile Regressions [J]. Econometrica, 2009, 77 (3): 953 -973.

[158] Fisman, R., Love, I. Trade Credit, Financial Intermediary Development, and Industry Growth [J]. The Journal of Finance, 2003, 58 (1): 353 -374.

[159] Frank, M. Z., & Goyal, V. K. Capital Structure Decisions: Which Factors Are Reliably Important? [J]. Financial Management, 2009, 38 (1): 1 -37.

[160] Fritz, M. S., Taylor, A. B., & MacKinnon, D. P. Explanation of two anomalous results in statistical mediation analysis [J]. Multivariate Behavioral Research, 2012, 47: 61 -87.

[161] Fu, X., Lin, Y., & Molyneux, P. Bank competition and financial stability in Asia Pacific [J]. Journal of Banking & Finance, 2014, 38: 64 -77.

[162] Gaganis, C., Galariotis, E., Pasiouras, F., & Staikouras, C. Macroprudential regulations and bank profit efficiency: International evidence [J]. Journal of Regulatory Economics, 2021, 59: 136 -160.

[163] Gambacorta, L., & Murcia, A. The impact of macroprudential policies and their interaction with monetary policy: An empirical analysis using credit registry data. BIS Working Paper, 2017, WP/17/636.

[164] Gambacorta, L., & Murcia, A. The impact of macroprudential policies in Latin America: An empirical analysis using credit registry data [J]. Journal of Financial Intermediation, 2020, 42: 100828.

[165] Garcia - Appendini, E., & Montoriol - Garriga, J. Firms as liquidity providers: Evidence from the 2007 -2008 financial crisis [J]. Journal of Financial Economics, 2013, 109 (1): 272 -291.

[166] Gauthier, C., Lehar, A., & Souissi, M. Macroprudential capital requirements and systemic risk [J]. Journal of Financial Intermediation, 2012, 21 (4): 594 -618.

[167] Ge, Y., & Qiu, J. Financial development, bank discrimination and trade credit [J]. Journal of Banking & Finance, 2007, 31 (2): 513 -530.

[168] Gehrig, T., & Iannino, M. C. Did the Basel Process of capital regulation enhance the resiliency of European banks? [J]. Journal of Financial Stability, 2021, 55: 100904.

[169] Giannetti, M., Burkart, M., & Ellingsen, T. What You Sell is What You Lend? Explaining Trade Credit Contracts [J]. Review of Financial Studies, 2011, 24 (4): 1261-1298.

[170] Gómez, E., Murcia, A., Lizarazo, A., & Mendoza, J. C. Evaluating the impact of macroprudential policies on credit growth in Colombia [J]. Journal of Financial Intermediation, 2020, 42: 100843.

[171] Gopalakrishnan, B., Jacob, J., & Mohapatra, S. Risk-sensitive Basel regulations and firms' access to credit: Direct and indirect effects [J]. Journal of Banking & Finance, 2021, 126: 106101.

[172] Guariglia, A., & Mateut, S. Credit channel, trade credit channel, and inventory investment: Evidence from a panel of UK firms [J]. Journal of Banking & Finance, 2006, 30 (10): 2835-2856.

[173] Guidara, A., Lai, V. S., Soumaré, I., & Tchana, F. T. Banks' capital buffer, risk and performance in the Canadian banking system: Impact of business cycles and regulatory changes [J]. Journal of Banking & Finance, 2013, 37 (9): 3373-3387.

[174] Hanousek, J., & Shamshur, A. A stubborn persistence: Is the stability of leverage ratios determined by the stability of the economy? [J]. Journal of Corporate Finance, 2011, 17 (5): 1360-1376.

[175] Hansen, L. P, "Challenges in Identifying and Measuring Systemic Risk," In: M. K, 2014.

[176] Hanson, S. G., Kashyap, A. K., Stein, J. C. A Macroprudential Approach to Financial Regulation [J]. Journal of Economic Perspectives, 2011, 25: 3-28.

[177] Hayes, A. F., & Scharkow, M. The relative trustworthiness of inferential tests of the indirect effect in statistical mediation analysis: Does method really matter? [J]. Psychological Science, 2013, 24: 1918-1927.

[178] Hayes, A. F.. Introduction to mediation, moderation, and conditional process analysis: A regression – based approach. New York and London: The Guilford Press, second edition, 2018.

[179] Hou, X., Wang, Q., Zhang, Q. Market structure, risk taking, and the efficiency of Chinese commercial banks [J]. Emerging Markets Review, 2014, 20: 75 – 88.

[180] Huang, G., & Song, F. M. The determinants of capital structure: Evidence from China [J]. China Economic Review, 2006, 17 (1): 14 – 36.

[181] Huang, H., Shi, X., & Zhang, S. Counter – cyclical substitution between trade credit and bank credit [J]. Journal of Banking & Finance, 2011, 35 (8): 1859 – 1878.

[182] International Monetary Fund. Key Aspects of Macroprudential Policy. IMF Policy Paper, 2013a.

[183] International Monetary Fund. Key Aspects of Macroprudential Policy—Background Paper. IMF Policy Paper, 2013b.

[184] International Monetary Fund. Staff Guidance Note on Macroprudential Policy. IMF Policy Paper, 2014a.

[185] International Monetary Fund. Staff Guidance Note on Macroprudential Policy—Detailed Guidance on Instruments, Background Paper. IMF Policy Paper, 2014b.

[186] International Monetary Fund, Bank for International Settlements, and Financial Stability Board. Guidance to Assess the Systemic Importance of Financial Institutions, Markets and Instruments: Initial Considerations, 2009.

[187] International Monetary Fund, Financial Stability Board, and Bank for International Settlements. Elements of Effective Macroprudential Policies—Lessons from International Experience, 2016.

[188] Jime nez, G., Ongena, S., Peydro, J. – L., & Saurina, J. s. Macroprudential policy, countercyclical bank capital buffers, and credit supply evidence from the Spanish dynamic provisioning experiments [J]. Journal of Political Economy, 2017, 125 (6): 2126 – 2178.

[189] Jiménez, G., Lopez, J. A., & Saurina, J. How does competition affect bank risk - taking? [J]. Journal of Financial Stability, 2013, 9 (2): 185 - 195.

[190] Kang, Q., Wu, J., Chen, M., & Jeon, B. N. Do macroprudential policies affect the bank financing of firms in China? Evidence from a quantile regression approach [J]. Journal of International Money and Finance, 2021, 115: 102391.

[191] Keefe, M. O., & Yaghoubi, M. The influence of cash flow volatility on capital structure and the use of debt of different maturities [J]. Journal of Corporate Finance, 2016, 38: 18 - 36.

[192] Khan, H. H., Ahmad, R. B., & Gee, C. S. Bank competition and monetary policy transmission through the bank lending channel: Evidence from ASEAN [J]. International Review of Economics & Finance, 2016, 44: 19 - 39.

[193] Khwaja A I, Mian A. Do lenders favor politically connected firms? renting provision in an emerging financial market [J]. Quarterly Journal of Economics, 2005, 120: 1371 - 1411.

[194] Kick, T., & Prieto, E. Bank Risk and Competition: Evidence from Regional Banking Markets [J]. Review of Finance, 2015, 19 (3): 1185 - 1222.

[195] Klingelhöfer, J., & Sun, R. Macroprudential policy, central banks and financial stability: Evidence from China [J]. Journal of International Money and Finance, 2019, 93: 19 - 41.

[196] Koenker, R., & Bassett, G. Regression quantiles [J]. Econometrica, 1978, 46: 33 - 50.

[197] Koskela, E., & Stenbacka, R. Is there a tradeoff between bank competition and financial fragility? [J] Journal of Banking & Finance, 2000, 24: 1853 - 1873.

[198] La Porta R, Lopez - De - Silanes F, Shleifer A. Government ownership of banks [J]. Journal of Finance, 2002, 57 (1): 265 - 301.

［199］ Laeven, L. , & Levine, R. Bank governance, regulation and risk taking ［J］. Journal of Financial Economics, 2009, 93: 59 –275.

［200］ Laeven, L. , Ratnovski, L. , & Tong, H. Bank size, capital, and systemic risk: Some international evidence ［J］. Journal of Banking & Finance, 2016, 69: S25 – S34.

［201］ Laeven, L. , Valencia, F. Systemic banking crises database: an update. IMF Working Paper, 2012, WP/12/163.

［202］ Lawrenz, J. , & Oberndorfer, J. Firm size effects in trade credit supply and demand ［J］. Journal of Banking & Finance, 2018, 93: 1 –20.

［203］ Lee, B. S. , L. M. – Y. Diversification and risk – adjusted performance: A quantile regression approach ［J］. Journal of Banking & Finance, 2012, 36: 2157 –2173.

［204］ Lee, M. , Asuncion, R. C. , & Kim, J. Effectiveness of Macroprudential Policies in Developing Asia: An Empirical Analysis ［J］. Emerging Markets Finance and Trade, 2016, 52 (4): 923 –937.

［205］ Leroy, A. , & Lucotte, Y. Is there a competition – stability trade – off in European banking? ［J］. Journal of International Financial Markets, Institutions and Money, 2017, 46: 199 –215.

［206］ Levine, R. , Lin, C. , & Xie, W. Corporate Resilience to Banking Crises: The Roles of Trust and Trade Credit ［J］. Journal of Financial and Quantitative Analysis, 2018, 53 (4): 1441 –1477.

［207］ Liao, S. , Sojli, E. , & Tham, W. W. Managing systemic risk in The Netherlands ［J］. International Review of Economics & Finance, 2015, 40: 231 –245.

［208］ Lim, C. H. , Krznar, I. , Lipinsky, F. , Otani, A. , & Wu, X. The Macroprudential Framework: Policy Responsiveness and Institutional Arrangements. IMF Working Paper, 2013, WP/13/166.

［209］ Lim, C. , Columba, F. , Costa, A. , Kongsamut, P. , Otani, A. , Saiyid, M. , Wezel, T. , & Wu, X. Macroprudential Policy: What Instruments and How to Use Them? Lessons from Country Experiences. IMF Working Paper,

2011, WP/11/238.

[210] Lin, T. –T., & Chou, J. –H. Trade credit and bank loan: Evidence from Chinese firms [J]. International Review of Economics & Finance, 2015, 36: 17 –29.

[211] Long, M., Malitz, I., Ravid, A. Trade credit, quality guarantees, and product marketability [J]. Financial Management, 1993, 22: 117 –127.

[212] Love, I., & Zaidi, R. Trade Credit, Bank Credit and Financial Crisis [J]. International Review of Finance, 2010, 10 (1): 125 –147.

[213] Love, I., Preve, L. A., & Sarria – Allende, V. Trade credit and bank credit: Evidence from recent financial crises [J]. Journal of Financial Economics, 2007, 83: 453 –469.

[214] MacKinnon, D. P. Introduction to statistical mediation analysis. New York and London: Lawrence Erlbaum Associates, Taylor & Francis Group, 2008.

[215] Malovaná, S., & Frait, J. Monetary policy and macroprudential policy: Rivals or teammates? [J]. Journal of Financial Stability, 2017, 32: 1 –16.

[216] Manlagnit, M. C. V. Basel regulations and banks' efficiency: The case of the Philippines [J]. Journal of Asian Economics, 2015, 39: 72 –85.

[217] Mateut, S., Bougheas, S., & Mizen, P. Trade credit, bank lending and monetary policy transmission [J]. European Economic Review, 2006, 50 (3): 603 –629.

[218] Meltzer, A. H. Mercantile Credit, Monetary Policy, and Size of Firms [J]. The Review of Economics and Statistics, 1960, 42 (4): 429 –437.

[219] Meuleman, E., & Vennet, R. V. Macroprudential policy and bank systemic risk [J]. Journal of Financial Stability, 2020, 47: 100724.

[220] Mian, S. L., Smith, C. W. Accounts Receivable Management Policy: Theory and Evidence [J]. The Journal of Finance, 1992, 47: 169 –200.

[221] Michaelas, N, Chittenden, F. & Poutzioris, P. Financial policy and capital structure choice in U. K. SMEs: empirical evidence from company panel data [J]. Small Business Economics, 1999, 12 (2): 113 –130.

[222] Mirzaei, A., & Moore, T. Do macro-prudential policies jeopardize banking competition? [J]. International Review of Finance, 2020, 1-8.

[223] Mirzaei, A., Moore, T., & Liu, G. Does market structure matter on banks' profitability and stability? Emerging vs. advanced economies [J]. Journal of Banking & Finance, 2013, 37 (8): 2920-2937.

[224] Mirzaei, A., Pasiouras, F., & Samet, A. State ownership, macroprudential policies, and bank lending [J]. Journal of International Money and Finance, 2021, 117: 102456.

[225] Nakatani, R. Macroprudential policy and the probability of a banking crisis [J]. Journal of Policy Modeling, 2020, 42 (6): 1169-1186.

[226] Nier, E., & Kang, H. Monetary and macroprudential policies—Exploring interactions. BIS Working Paper, 2016, WP/16/86.

[227] Nilsen, J. H. Trade Credit and the Bank Lending Channel [J]. Journal of Money, Credit, and Banking, 2002, 34 (1): 226-253.

[228] Ono, A., Uchida, H., Udell, G. F., & Uesugi, I. Lending pro-cyclicality and macroprudential policy: Evidence from Japanese LTV ratios [J]. Journal of Financial Stability, 2021, 53: 100819.

[229] Ono, M. Determinants of Trade Credit in the Japanese Manufacturing Sector [J]. Journal of the Japanese and International Economies, 2001, 15: 160-177.

[230] Pasiouras, F., Tanna, S., Zopounidis, C. The impact of banking regulations on banks' cost and profit efficiency: Cross-country evidence [J]. International Review of Financial Analysis, 2009, 18: 294-302.

[231] Pessarossi, P., Weill, L. Do capital requirements affect cost efficiency? Evidence from China [J]. Journal of Financial Stability, 2015, 19: 119-127.

[232] Petersen, M. A., & Rajan, R. G. Trade Credit: Theories and Evidence [J]. The Review of Financial Studies, 1997, 10 (3): 32.

[233] Petersen, M., Rajan, R. The Benefits of Lending Relationships: Evidence from Small Business Data [J]. The Journal of Finance, 1994, 49

(1): 3 - 37.

[234] Poghosyan, T. How effective is macroprudential policy? Evidence from lending restriction measures in EU countries [J]. Journal of Housing Economics, 2020, 49: 101694.

[235] Preacher, K. J., Hayes, A. F. Asymptotic and resampling strategies for assessing and comparing indirect effects in multiple mediator models [J]. Behavior Research Methods, 2008, 40: 879 - 891.

[236] Psillaki, M., & Eleftheriou, K. Trade Credit, Bank Credit, and Flight to Quality: Evidence from French SMEs [J]. Journal of Small Business Management, 2015, 53 (4): 1219 - 1240.

[237] Rajan, R. G., & Zingales, L. What Do We Know about Capital Structure? Some Evidence from International Data [J]. The Journal of Finance, 1995, 50 (5): 1421 - 1460.

[238] Revelo, J. D. G., Lucotte, Y., & Pradines - Jobet, F. Macroprudential and monetary policies: The need to dance the Tango in harmony [J]. Journal of International Money and Finance, 2020, 108: 102156.

[239] Richter, B., Schularick, M., & Shim, I. The costs of macroprudential policy [J]. Journal of International Economics, 2019, 118: 263 - 282.

[240] Rizwan, M. S. Macroprudential regulations and systemic risk: Does the one - size - fits - all approach work? [J]. Journal of International Financial Markets, Institutions and Money, 2021, 74: 101409.

[241] Rubio, M., & Carrasco - Gallego, J. A. Macroprudential and monetary policies: Implications for financial stability and welfare [J]. Journal of Banking & Finance, 2014, 49: 326 - 336.

[242] Scalco, P. R., Tabak, B. M., & Teixeira, A. M. Prudential measures and their adverse effects on bank competition: The case of Brazil [J]. Economic Modelling, 2021, 100: 105495.

[243] Schwartz, R. A. An Economic Model of Trade Credit [J]. The Journal of Financial and Quantitative Analysis, 1974, 9 (4): 643 - 657.

[244] Shim, I., Bogdanova, B., Shek, J., & Subelyte, A. Database

for policy actions on housing markets. BIS Quarterly Review, 2013, 83 -95.

[245] Shim, J. Loan portfolio diversification, market structure and bank stability [J]. Journal of Banking & Finance, 2019, 104: 103 -115.

[246] Smith, J. K. Trade credit and informational asymmetry [J]. The Journal of Finance, 1987, 42: 863 -872.

[247] Sobel, M. E. Asymptotic confidence intervals for indirect effects in structural equation models. In S. Leinhardt (Ed.), Sociological methodology (pp. 290 -312). Washington, DC: American Sociological Association, 1982.

[248] Stiroh, K. J., & Rumble, A. The dark side of diversification: The case of US financial holding companies [J]. Journal of Banking & Finance, 2006, 30 (8): 2131 -2161.

[249] Stiroh, K. J. Diversification in banking: is noninterest income the answer? [J]. Journal of Money, Credit and Banking, 2004, 36: 853 -882.

[250] Stolbov, M. I., Shchepeleva, M. A., & Karminsky, A. M. A global perspective on macroprudential policy interaction with systemic risk, real economic activity, and monetary intervention [J]. Financial Innovation, 2021, 7 (1): 41.

[251] Tabak, B. M., Fazio, D. M., & Cajueiro, D. O. The relationship between banking market competition and risk - taking: Do size and capitalization matter? [J]. Journal of Banking & Finance, 2012, 36 (12): 3366 -3381.

[252] Tan, Y., Floros, C. Risk, capital and efficiency in Chinese banking [J]. Journal of International Financial Markets, Institutions and Money, 2013, 26: 378 -393.

[253] Tang, Y., & Moro, A. Trade credit in China: Exploring the link between short term debt and payables [J]. Pacific - Basin Finance Journal, 2020, 59: 101240.

[254] Taylor, A. B., MacKinnon, D. P., Tein, J. - Y. Tests of the three - path mediated effect [J]. Organizational Research Methods, 2008, 11: 241 -269.

[255] Wang, B., & Sun, T. How Effective are Macroprudential Policies in China? IMF Working Paper, 2013, WP/13/75.

[256] Wang, X., Manry, D., Rosa, G. Ownership structure, economic fluctuation, and capital structure: Evidence from China [J]. International Journal of Finance & Economics, 2019, 24 (2): 841 -854.

[257] Wilson, N., & Summers, B. Trade credit terms offered by small firms: Survey evidence and empirical analysis [J]. Journal of Business Finance & Accounting, 2002, 29 (3, 4): 317 -351.

[258] Wong, T. C., Fong, T., Li, K. -F., & Choi, H. Loan -to -Value Ratio as a Macroprudential Tool—Hong Kong's Experience and Cross - Country Evidence. Hong Kong Monetary Authority Working Paper, 2011, WP/11/01.

[259] Wu, J., Guo, M., Chen, M., & Jeon, B. N. Market power and risk - taking of banks: Some semiparametric evidence from emerging economies [J]. Emerging Markets Review, 2019, 41: 100630.

[260] Yang, X. Trade credit versus bank credit: Evidence from corporate inventory financing [J]. The Quarterly Review of Economics and Finance, 2011, 51 (4): 419 -434.

[261] Zdzienicka, A., Chen, S., Kalan, F. D., Laseen, S., & Svirydzenka, K. Effects of monetary and macroprudential policies on financial conditions: Evidence from the United States. IMF Working Paper, 2015, WP/15/288.

[262] Zhang, A., Pan, M., Liu, B., & Weng, Y. - C. Systemic risk: The coordination of macroprudential and monetary policies in China [J]. Economic Modelling, 2020, 93: 415 -429.

[263] Zhang, G., Han, J., Pan, Z., Huang, H. Economic policy uncertainty and capital structure choice: Evidence from China [J]. Economic Systems, 2015, 39: 439 -457.

[264] Zhang, L., & Zoli, E. Leaning against the wind: Macroprudential policy in Asia [J]. Journal of Asian Economics, 2016, 42: 33 -52.

附　　录

我国的宏观审慎政策实践具有起步时间早、实施次数多以及宏观审慎政策工具丰富等特征。表 A1 展示了 Alam 等（2019）整理的 2000 年至 2018 年我国出台的各项宏观审慎政策①，包括日期、具体内容以及对应的政策工具和调整方向②。

表 A1　　　　我国的宏观审慎政策实践

日期	政策内容	政策工具
2001 年 4 月	将抵押贷款的最大贷款价值比率（LTV）上限降低到 80%。	LTV（+1）
2002 年 1 月	2002 年 1 月，央行开始实施加强的拨备规则，即《银行贷款损失准备计提指引》，到 2005 年前全面实施。	LLP（+1）
2003 年 6 月	2003 年 6 月 13 日，央行颁布了收紧对高端住宅和豪华别墅项目开发商和买家的房地产贷款的规定（收紧了其他贷款标准）。	LoanR（+1）
2003 年 9 月	2003 年 9 月 21 日，央行将存款准备金率从 6% 上调 1% 至 7%。	RR（+1）
2004 年 4 月	2004 年 4 月 25 日，央行上调存款准备金率并引入差别存款准备金率。特别是资本充足率在一定水平以上的金融机构，存款准备金率由 7% 提高到 7.5%。对资本充足率低于特定水平的金融机构，存款准备金率提高至 8%，高于同业 0.5 个百分点。	RR（+1）
2004 年 9 月	2004 年 9 月 3 日，银行监管机构（CBRC）对购房贷款实施了 80% 的最高 LTV 比率。2004 年 9 月 3 日，银监会规定借款人购房的最高 DSTI 比率为 50%。	LTV（+1）

① 指符合宏观审慎政策定义、具有宏观审慎政策性质的政策。相关概念具体见本书的第 2 章内容。

② 关于宏观审慎政策工具的调整方向，+1 表示相关工具的收紧；-1 则表示相关工具的宽松；0 或者无标示则代表中性的政策。

续表

日期	政策内容	政策工具
2004年9月	自2004年9月3日起（2004年8月30日宣布），银监会对DSTI比率实施了最高限制。借款人每月住房支出占收入的比例控制在50%（含）以下，所有债务支出的比例控制在55%（含）以下。商业银行应重视对借款人还款能力的审查。	DSTI（+1）
2005年1月	净外汇头寸与资本比率的上限为20%。该要求自2005年起生效。	LFX（+1）
2005年3月	2005年3月17日，央行将房地产价格被认为上涨过快的城市和地区的房地产的最高LTV比率从80%降低到70%。具体调整幅度由商业银行根据当地房地产价格的涨幅决定。	LTV（+1）
2006年6月	2006年6月1日，当局（国务院）将商业银行发放的住房贷款的最高LTV比率从80%降至70%。购买自住房、建筑面积90平方米以下的住房贷款最高LTV比率保持在80%。	LTV（+1）
2006年7月	2006年7月5日，央行将资本充足率低于一定水平的国有商业银行和股份制商业银行的存款准备金率从7.5%上调至8%，城市信用社和金融机构的存款准备金率从8%上调至8.5%，上调0.5%。	RR（+1）
2006年8月	2006年8月15日，央行将国有商业银行和股份制商业银行的存款准备金率上调0.5%至8.5%（城市信用社和金融机构的存款准备金率分别上调至9%）。	RR（+1）
2006年11月	2006年11月15日，央行将国有商业银行和股份制商业银行的存款准备金率上调0.5%至9%（城市信用社和金融机构的存款准备金率分别上调至9.5%）。	RR（+1）
2007年1月	2007年1月，征收土地交易增值税。	Tax（+1）
2007年1月	2007年1月15日，央行将国有商业银行和股份制商业银行的存款准备金率上调0.5%至9.5%（城市信用社和金融机构的存款准备金率分别上调至10%）。	RR（+1）
2007年2月	2007年2月25日，央行将国有商业银行和股份制商业银行的存款准备金率上调0.5%至10%（城市信用社和金融机构的存款准备金率分别上调至10.5%）。	RR（+1）
2007年4月	2007年4月16日，央行将国有商业银行和股份制商业银行的存款准备金率上调0.5%至10.5%（城市信用社和金融机构的存款准备金率分别上调至11%）。	RR（+1）

续表

日期	政策内容	政策工具
2007年5月	2007年5月15日，央行将存款准备金率分别上调0.5%至11%和11.5%。	RR（+1）
2007年6月	2007年6月5日，央行将存款准备金率分别上调0.5%至11.5%和12%。	RR（+1）
2007年8月	2007年8月15日，央行将存款准备金率分别上调0.5%至12%和12.5%。	RR（+1）
2007年9月	9月27日，当局将期限相同的最低贷款利率从基准贷款利率的0.9倍提高到1.1倍（收紧其他贷款标准）。	LoanR（+1）
2007年9月	2007年9月25日，央行将存款准备金率分别上调0.5%至12.5%和13%。	RR（+1）
2007年9月	2007年9月27日，当局对申请二次抵押贷款的借款人实施了60%的最高LTV比率。	LTV（+1）
2007年10月	2007年10月25日，央行将存款准备金率分别上调0.5%至13%和13.5%。	RR（+1）
2007年11月	2007年11月26日，央行将存款准备金率分别上调0.5%至13.5%和14%。	RR（+1）
2007年12月	2007年12月25日，央行将存款准备金率分别上调1%至14.5%和15%。	RR（+1）
2008年1月	2008年1月28日，央行将存款准备金率分别上调0.5%至15%和15.5%。	RR（+1）
2008年3月	2008年3月25日，央行将存款准备金率分别上调0.5%至15.5%和16%。	RR（+1）
2008年4月	2008年4月，对购房预付款征收资本收益税；	Tax（+1）
2008年4月	2008年4月25日，央行将存款准备金率分别上调0.5%至16%和16.5%。	RR（+1）
2008年5月	2008年5月20日，央行将存款准备金率分别上调0.5%至16.5%和17%。	RR（+1）
2008年6月	2008年6月，对企业为个人购买房产征收个人所得税；	Tax（+1）
2008年6月	2008年6月15日，央行将存款准备金率分别上调0.5%至17%和17.5%。2008年6月25日，央行将存款准备金率分别上调0.5%至17.5%和18%。	RR（+2）
2008年8月	2008年8月，禁止对购买土地和闲置项目的贷款。	LoanR（+1）

续表

日期	政策内容	政策工具
2008 年 8 月	2008 年 9 月 25 日，央行将存款准备金率下调 1% 至 16.5%，6 家大型银行（中国工商银行、中国农业银行、中国银行、中国建设银行、交通银行和中国邮政储蓄银行）暂时例外。	RR（-1）
2008 年 9 月	2008 年 10 月 15 日，央行将存款准备金率从 16.5% 下调 0.5% 至 16%（六大银行从 17.5% 下调至 17%）。	RR（-1）
2008 年 10 月	2008 年 10 月 27 日，当局将最高 LTV 比率提高到 80%。	LTV（-1）
2008 年 11 月	自 2008 年 11 月 1 日起，个人首次购买 90 平方米及以下普通住宅的契税税率统一下调至 1%。	Tax（-1）
2008 年 12 月	2008 年 12 月，扩大一套、二套房购房优惠政策。	LoanR（-1）
2008 年 12 月	2008 年 12 月 5 日，央行将大型存款性金融机构（包括中国工商银行、中国农业银行、中国银行、中国建设银行、交通银行和中国邮政储蓄银行）的存款准备金率从 17% 降低至 16%，而将中小存款金融机构的存款准备金率从 16% 降低至 14%。2008 年 12 月 25 日，央行继续将存款准备金率分别下调 0.5% 至 15.5% 和 13.5%。	RR（-2）
2009 年 5 月	2009 年 5 月，降低开发商对经济商品房投资的资本要求。	Capital（-1）
2009 年 10 月	2009 年 10 月 28 日，银行监管机构（银监会）发布规则草案，收紧用于股票和房地产市场投机的个人贷款（收紧其他贷款标准）。	LoanR（+1）
2009 年 12 月	2009 年 12 月 14 日，当局将土地购买的最高 LTV 比率设定为 50%，并在购买之日起一年内全额支付首付。	LTV（+1）
2010 年 1 月	2010 年 1 月 20 日，央行和银行监管机构实施了贷款额度机制，每个商业贷款人每月新增贷款不得超过银行年度贷款目标的 12%，每季度新增贷款不得超过银行年度贷款目标的 30%。这意味着每月新增贷款总额将被限制在 9000 亿元人民币，预计 2010 年新增贷款将在 7.5 万亿元人民币左右，低于 2009 年的 9.6 万亿元人民币。	LCG（+1）
2010 年 1 月	2010 年 1 月，当局将二次置业者的最高 LTV 比率降低至 60%。	LTV（+1）
2010 年 1 月	税收优惠减少。	Tax（+1）
2010 年 1 月	2010 年 1 月 18 日，央行将大型银行的存款准备金率从 15.5% 上调 0.5% 至 16%，而小型银行 13.5% 的存款准备金率没有变化。	RR（+1）
2010 年 2 月	2010 年 2 月 25 日，央行将大型银行的存款准备金率从 16% 上调 0.5% 至 16.5%，而小型银行的存款准备金率 13.5% 没有变化。	RR（+1）

续表

日期	政策内容	政策工具
2010 年 4 月	2010 年 4 月，监管当局将最低抵押贷款利率规定为二次置业者的贷款利率为基本贷款利率的 110%，而不是之前的 80%（收紧其他贷款标准）。2010 年 4 月 17 日，有关部门（国务院）宣布，银行可以暂时停止发放针对房价过热和非居民限购地区的第三套住房的抵押贷款（禁止贷款）。	LoanR（+1）
2010 年 4 月	2010 年 4 月，监管当局将第一套住房（超过 90 平方米的公寓）的最高 LTV 比率从 80% 降至 70%，并将第二套住房的最高 LTV 比例从 60% 降至 50%。	LTV（+1）
2010 年 5 月	2010 年 5 月 10 日，央行将大型银行的存款准备金率从 16.5% 上调至 17%，将小型银行的存款准备金率从 13.5% 上调至 14%，上调了 0.5%。	RR（+1）
2010 年 9 月	2010 年 9 月，巴塞尔银行监管委员会制定了三项最低资本要求（普通股占比为 4.5%，一级资本占比为 6%，总资本充足率为 6%）和逆周期资本缓冲。	Capital（+1） CCB（+1）
2010 年 9 月	2010 年 9 月，提出动态拨备要求。	LLP
2010 年 9 月	2010 年 9 月，银监会建议商业银行在全国范围内停止向三套房购房者放贷（禁止贷款），如果不听从建议，则将首付提高到 60%（即最高 LTV 比率为 40%），并将抵押贷款利率提高到基准利率的 1.5 倍。2010 年 9 月，银监会还暂停了对非本地居民的按揭贷款（禁贷）。	LoanR（+1）
2010 年 9 月	2010 年 9 月，银监会将所有首次购房者的最高 LTV 比率降至 70%。	LTV（+1）
2010 年 10 月	自 2010 年 10 月 1 日起，个人购买普通住宅且住宅为家庭唯一住所的契税减半。个人购买 90 平方米及以下普通住宅且该住宅为家庭唯一住宅的，其契税税率降至 1%。	Tax（-1）
2010 年 11 月	2010 年 11 月 16 日，央行将大型银行的存款准备金率从 17% 上调至 17.5%，将小型银行的存款准备金率从 14% 上调至 14.5%，上调 0.5%。2010 年 11 月 29 日，央行将大型银行的存款准备金率从 17.5% 上调至 18%，将小型银行的存款准备金率从 14.5% 上调至 15%，上调 0.5%。	RR（+2）
2010 年 12 月	2010 年 12 月 20 日，央行将大型银行的存款准备金率从 18% 上调至 18.5%，将小型银行的存款准备金率从 15% 上调至 15.5%，上调 0.5%。	RR（+1）
2011 年 1 月	2011 年 1 月 26 日，监管当局将最低抵押贷款利率设定为基准利率的 110%（收紧其他贷款标准）。2011 年 1 月 26 日，当局在所有直辖市和过热城市实施限购（该措施实际上在 2011 年 3 月下旬和 2011 年 8 月实施）。	LoanR（+1）

续表

日期	政策内容	政策工具
2011年1月	2011年1月26日宣布，第二套住房抵押贷款的最低首付要求设定为60%（即LTV上限降至40%。）	LTV（+1）
2011年1月	2011年1月20日，央行将大型银行的存款准备金率从18.5%上调0.5%至19%，而小型银行15.5%的存款准备金率没有变化。	RR（+1）
2011年2月	2011年2月24日，央行将大型银行的存款准备金率从19%上调至19.5%，将小银行的存款准备金率从15.5%上调至16%，上调0.5%。	RR（+1）
2011年3月	2011年3月7日，监管当局将限购政策扩大到32个重点城市（即禁止银行向购买三套房及以上住房的人以及非本地居民提供抵押贷款）（全国禁止贷款）。该措施于2010年5月首先在北京实施，2010年9月在深圳实施，2010年10月在上海实施。	LoanR（+1）
2011年3月	2011年3月25日，央行将大型银行的存款准备金率从19.5%上调至20%，将小型银行的存款准备金率从16%上调至16.5%，上调0.5%。	RR（+1）
2011年4月	2011年4月21日，央行将大型银行的存款准备金率从20%上调至20.5%，将小银行的存款准备金率从16.5%上调至17%，上调0.5%。	RR（+1）
2011年5月	2011年5月18日，央行将大型银行的存款准备金率从20.5%上调至21%，将小型银行的存款准备金率从17%上调至17.5%，上调0.5%。	RR（+1）
2011年6月	2011年6月20日，央行将大型银行的存款准备金率从21%上调0.5%至21.5%，小型银行则上调至19.5%。	RR（+1）
2011年7月	银监会于2011年7月27日发布的《商业银行贷款损失准备管理办法》规定，贷款拨备率的基本标准为2.5%，拨备覆盖率的标准为150%。其中更高的一方作为商业银行贷款损失准备的监管标准。	LLP
2011年8月	2011年8月，当局发布了五个初步标准来选择潜在的新房限购城市。限购政策扩大至三线城市（全国禁贷）。	LoanR（+1）
2011年8月	2011年8月29日，央行拓宽了适用于存款准备金率的金融机构人民币存款范围。	RR（+1）
2011年12月	2011年12月5日，央行将大型银行的存款准备金率从21.5%下调至21%，将小型银行的存款准备金率从19.5%下调至19%，下调0.5%。	RR（-1）

续表

日期	政策内容	政策工具
2012年1月	2011年6月宣布，自2012年1月1日起，系统重要性银行的杠杆率上限为4%，其他银行的杠杆率上限为2%。	LVR（+1）
2012年2月	2012年2月24日，央行将大型银行的存款准备金率从21%下调至20.5%，将小型银行的存款准备金率从19%下调至18.5%，幅度为0.5%。	RR（-1）
2012年2月	自2012年2月19日起，保险公司对其他金融资产的投资余额不得超过公司截至上季度末总资产的25%。对单一法人的投资余额合计不得超过公司截至上季度末总资产的20%。	OT（+1）
2012年5月	2012年5月18日，央行将大型银行的存款准备金率从20.5%下调至20%，将小型银行的存款准备金率从18.5%下调至18%，幅度为0.5%。	RR（-1）
2013年1月	根据2012年6月公布的《商业银行资本管理暂行办法》，自2013年1月1日起，商业银行资本留存缓冲（CCB）要求为2.5%，从2013年开始分阶段实施。自2013年12月31日起，最低要求为0.5%，并有分阶段安排。最低要求从2014年12月31日起提高到0.9%，从2015年12月31起提高到1.3%，从2016年12月31日起提高到1.7%，从2017年12月31日起提高到2.1%。最低要求将从2018年12月31日起提高到2.5%。中国人民银行宏观审慎评估（MPA）体系也提出了同样的要求。	Conservation
2013年1月	银监会于2012年6月7日公布，自2013年1月1日起，对系统重要性机构征收1%的资本金附加。金融稳定委员会确定的全球SIFI应符合国际标准。目前，中国人民银行正在牵头制定与境内系统性金融机构相适应的监管指引，制定资本附加费和流动性要求。	SIFI（+1）
2013年3月	2013年3月，地方政府被告知限制非居民购买多于一套房屋。	LoanR（+1）
2013年3月	第二套住房抵押贷款的LTV降低。	LTV（+1）
2013年3月	2013年3月宣布，出售房产的房主必须为其利润缴纳20%的资本利得税。	Tax（+1）
2013年12月	自2013年12月31日起，资本留存缓冲设定为0.5%。	Conservation（+1）
2013年12月	自2013年12月31日起，该要求（贷款拨备率2.5%，拨备覆盖率150%）适用于银行业监管机构确定的系统重要性银行。	LLP（+1）

续表

日期	政策内容	政策工具
2014 年 5 月	自 2014 年 5 月 16 日起，商业银行不得向任何金融机构法人提供超过其一级资本 50% 的授信，不包括结算同业存款和扣除零风险权重资产后的净值。一级资本和零权重资产按照《商业银行资本管理办法（试行）》（银监〔2012〕1 号）计算。对于个体商业银行，其可从银行间市场借款的金额不得超过其总负债的 1/3。农村信用社省级合作社、省二级法人合作社、乡镇银行暂不按规定执行。	OT（+1）
2014 年 9 月	放宽抵押贷款条款（扩大首套房抵押贷款定义）。	LTV（-1）
2014 年 12 月	自 2014 年 12 月 31 日起，资本留存缓冲从 0.5% 上调至 0.9%。	Conservation（+1）
2014 年 12 月	流动性覆盖比率于 2014 年 12 月 31 日以 60% 生效，分阶段安排（2015 年 12 月 31 日生效 70%，2016 年 12 月 31 日生效 80%，2017 年 12 月 31 日生效 90%，2018 年 12 月 31 日生效 100%）。	Liquidity（+1）
2015 年 4 月	自 2015 年 4 月 1 日起，4% 的杠杆率限制将扩大至合并和未合并的系统重要性银行。	LVR（+1）
2015 年 4 月	2015 年 4 月第二次抵押贷款的 LTV 比率上限提高到 60%。	LTV（-1）
2015 年 9 月	自 2015 年 9 月 30 日起，在未实施住房"限购令"的城市，居民家庭首次购买普通住房的商业性个人住房贷款，首套房最低首付调整为 25%——即无限制城市购房者的 LTV 限制从 70% 放宽至 75%。	LTV（-1）
2015 年 10 月	经修订的《中国商业银行法》于 2015 年 8 月 29 日通过，自 2015 年 10 月 1 日起生效，取消了与贷存比相关的要求。自 2015 年 10 月 1 日起，根据《商业银行流动性风险管理办法（试行）》的修订，LTD 比率成为监测指标。	LTD（-1）
2015 年 10 月	自 2015 年 10 月 15 日起，中国人民银行要求金融机构（包括金融公司）代客销售远期外币，应当存入外汇风险准备金。准备金率于 2015 年初步确定为 20%，2017 年 9 月 8 日中国人民银行宣布下调至 0，自 2017 年 9 月 11 日起生效。按上月远期外汇合约销售金额计算，准备金以美元存入。外汇风险准备金冻结期为 1 年，目前利率为零。	RR（+1）
2015 年 12 月	自 2015 年 12 月 31 日起，资本留存缓冲从 0.9% 上调至 1.3%。	Conservation（+1）
2015 年 12 月	自 2015 年 12 月 31 日起，最低流动性覆盖比率要求从 60% 提高到 70%。	Liquidity（+1）
2016 年 1 月	自 2016 年 1 月 1 日起，宏观审慎评估体系（MPA）取代差别化准备金动态调整机制。2016 年 1 月 1 日起，中国人民银行引入宏观审慎评估制度，要求金融机构确保信贷增长得到资本水平的支持。	LCG

续表

日期	政策内容	政策工具
2016 年 1 月	中国人民银行公告，自 2016 年 1 月 25 日起，境外人民币参与银行存放在境内代理行的人民币资金实行共同准备金标准。存放在境内代理行的境外人民币参与银行的人民币资金实行共同准备金要求。	RR（+1）
2016 年 1 月	2016 年 1 月 1 日，中国人民银行推出宏观审慎评估体系（MPA），从资本与杠杆、资产与负债、流动性、定价、资产质量、跨境业务风险和信贷政策的执行等七大类指标对金融机构进行宏观审慎评估。通过 MPA 框架，中国人民银行逐家实施逆周期的资本要求。	OT（+1）
2016 年 2 月	自 2016 年 2 月 2 日起宣布，在未实施住房“限购”的城市，LTV 限额从一贷的 75% 放宽至 80%，二贷的 LTV 限额从 60% 放宽至 70%.	LTV（-1）
2016 年 2 月	自 2016 年 2 月 22 日起，个人购买家庭唯一面积 90 平方米或以下的住宅，契税税率降至 1%；面积超过 90 平方米的房屋，契税税率降至 1.5%。除北京、上海、广州、深圳外，个人购买家庭改良二套房的契税，90 平方米及以下的房屋契税税率降至 1%；面积超过 90 平方米的房屋，契税税率降至 2%。	Tax（-1）
2016 年 4 月	中国人民银行宣布，自 2016 年 5 月 3 日起，对境内企业实施本外币跨境融资风险加权余额上限，此前尚需审批。跨境融资杠杆率设定为 2，宏观审慎调整参数设定为 1。	LFC
2016 年 4 月	中国人民银行宣布，将跨境融资全方位宏观审慎管理政策扩大至所有金融机构和企业，覆盖全国。该政策允许金融机构和企业在与其资本或净资产水平挂钩的限额内，根据自身需要，在未经中国人民银行和国家外汇管理局批准的情况下，以本外币进行境外融资。跨境融资杠杆率设定为 0.8，宏观审慎调整参数设定为 1，自 2016 年 5 月 3 日起实施。	LFX
2016 年 5 月	自 2016 年 5 月 3 日起，对境内企业实施本外币跨境融资风险加权余额上限，此前尚需批准。在限额内，无须事先获得人民银行或外管局的批准。企业本外币跨境融资风险加权余额上限定义为净资产乘以跨境融资杠杆率和宏观审慎调整参数。企业跨境融资杠杆率为 2，非银行金融机构跨境融资杠杆率为 1，银行类法人金融机构及外资银行境内分行杠杆率为 0.8，宏观审慎调整参数设为 1。	LFC（-1）
2016 年 5 月	自 2016 年 5 月 3 日起，将跨境融资全领域宏观审慎管理政策扩大至覆盖全国的金融机构和企业。该政策允许金融机构和企业在与其资本或净资产水平挂钩的限额内，根据自身需要，在未经中国人民银行和国家外汇管理局批准的情况下，以本外币或外币进行境外融资。跨境融资杠杆率设定为 0.8，宏观审慎调整参数设定为 1。	LFX（-1）

续表

日期	政策内容	政策工具
2016 年 6 月	2016 年 6 月 16 日，中国证监会公告，自 2016 年 10 月 1 日起，证券公司开展证券融资融券业务规模不得超过其净资产的 5%。	OT（+1）
2016 年 10 月	2016 年 10 月 1 日，证券公司证券融资融券业务规模不得超过其生效净资产的 5%。自 2016 年 10 月 1 日起，根据《证券公司风险控制指标计算标准规定》，买卖场外期权的市场风险资本准备金分别按投资额的 100% 和 20% 计算数量。买入场外期权的投资金额以买入期权费的价格计算；卖出场外期权的投资金额按给定压力情景下最大损失的五倍计算，但不低于名义金额的每家公司 5 倍；给定的压力情景是从当前证券价格向上或向下波动 20%。	OT（+1）
2016 年 12 月	自 2016 年 12 月 31 日起，最低资本留存缓冲要求从分阶段安排下的 1.3% 提高至 1.7%。	Conservation（+1）
2016 年 12 月	将所有商业银行并表和非并表条件下的最低杠杆率上限从 2% 提高到 4%。该公告于 2015 年 2 月 2 日宣布，并于 2016 年 12 月 31 日生效。	LVR（+1）
2016 年 12 月	自 2016 年 12 月 31 日起，所有银行的贷款拨备率为 2.5%，拨备覆盖率为 150%。以前，它只适用于具有系统重要性的机构。未能达到要求的银行必须制订满足要求的计划并向银行业监管机构报告。满足要求的截止日期为 2018 年底。	LLP（+1）
2016 年 12 月	在分阶段安排下，最低流动性覆盖率从 70% 提高到 80%。	Liquidity（+1）
2016 年 12 月	自 2016 年 12 月 9 日起，证券公司在交易所市场参与质押式债券回购时，如以融资主体身份从事融资性回购交易的，融资性回购交易未到期金额占托管债券的比例在参与者的证券账户中不得超过 80%。	OT（+1）
2017 年 3 月	自 2017 年 3 月 17 日起，对于无名下住房且在当地无商品房贷款或公积金住房贷款记录的北京居民家庭，在现行的首套房政策下，最低首付要求为 35%；购买非自住房的，最低首付为 40%（自住商品房、“两限”住房等政策性住房除外）。已在当地拥有自己名下一套住房的居民家庭，以及在当地没有住房但有商品房贷款或公积金住房贷款记录的居民，购买自住普通住房的最低首付为 60 %，购买非住房的最低首付要求为 80%。人民银行、银监会各部门要坚持“分类指导、因地制宜”的原则，加强与各部门的沟通。指导各省级市场利率自律机制结合不同城市地方实际，自主确定商业性个人住房贷款最低首付。	LTV（+1）

续表

日期	政策内容	政策工具
2017 年 9 月	宣布将远期外汇销售的法定准备金比例从 20% 降至 0 并生效。	RR（-1）
2017 年 12 月	最低资本留存缓冲从 1.7% 提高到 2.1%。	Conservation（+1）
2017 年 12 月	最低流动性覆盖率要求从 80% 提高到 90%。	Liquidity（+1）
2017 年 12 月	2017 年 12 月起，对证券公司、基金公司参与债券交易的监管要求进一步加强，包括加强内部控制和风险管理；回购或逆回购的月末余额超过上月末净资产的 120% 的，应当向监管机构报告。公募非公司类产品，包括公募证券投资基金，债券回购余额或逆回购余额超过上一交易日净资产的 40%，其中，债券回购余额或逆回购余额超过上一交易日净资产的封闭式基金和对冲战略基金逆回购超过前一交易日净资产的 100%，应向监管机构报告。证券公司从事债券回购或逆回购业务，应严格按照《证券公司风险控制指标计算标准规定》计算 LCR、NSFR 等风险控制指标。	OT（+1）
2018 年 2 月	2018 年 2 月 28 日，原银监会公告发布《关于调整商业银行贷款损失准备金监管要求的通知》，明确拨备覆盖率监管要求由 150% 调整为 120%，监管要求贷款拨备比率由 2.5% 调整至 1.5% 至 2.5%。	LLP（+1）
2018 年 4 月	2018 年 4 月 24 日，公布《商业银行大额风险暴露管理办法》（自 2018 年 7 月 1 日起施行），要求商业银行对个人非银行客户的贷款余额不得超过资本净额的 10%，对个人非银行客户的风险暴露不得超过一级净资本的 15%。个人非银行客户包括主权实体。	OT（+1）
2018 年 5 月	2018 年 5 月 25 日，《商业银行流动性风险管理办法》公布实施，引入优质流动性资产（HQLA）充足率。HQLA 充足率是 LCR 的简化版，适用于资产在 2000 亿元以下的商业银行，全面实施后最低监管要求将达到 100%。商业银行已采取分阶段安排，以满足 HQLA 充足率的要求。银行应分别在 2018 年 12 月 31 日和 2019 年 6 月 30 日之前实现 80% 和 100% 的要求。2018 年 5 月 25 日，发布《商业银行流动性风险管理办法》，引入 NSFR，适用于资产在 2000 亿元以下的商业银行，最低监管要求为 100%。2018 年 5 月 25 日，《商业银行流动性风险管理办法》对所有商业银行实行流动性匹配率（定义为资金加权平均数除以资产加权平均数），最低要求为 100%。商业银行自 2020 年 1 月 1 日起应达到最低要求。2020 年之前，流动性匹配率作为监测指标。	Liquidity（+1）

续表

日期	政策内容	政策工具
2018 年 5 月	2018 年 5 月 23 日，修订《商业银行流动性风险管理办法(试行)》，宣布继续将 LTD 比率作为监测指标。	LTD
2018 年 5 月	2018 年 5 月 16 日，港澳人民币清算行在中国人民银行深圳中心支行和珠海中心支行的清算账户人民币存款准备金率由此前的 14% 下调至 0%。	RR（-1）
2018 年 5 月	2018 年 5 月 4 日，公布了《商业银行大额风险暴露管理办法》。这些办法要求商业银行对同行业个人客户或集团客户的风险敞口不超过一级资本净额的 25%。此外，G-SIBs 对其他 G-SIB 的风险敞口不得超过一级资本净额的 15%。商业银行应满足《大额风险敞口管理办法》对大额风险敞口的监管要求。对截至 2018 年底不符合《商业银行大额风险暴露管理办法》规定的同行业客户风险暴露监管要求的商业银行，设置三年过渡期，相关商业银行应在 2021 年底前达到要求。证监会要求进一步加强证券公司场外期权业务监管，对证券公司参与场外期权交易实行分级管理，明确场外期权业务方向，进一步提高投资者准入门槛，强化日常监管要求，强化动态监测监督执法。证监会责成中国证券业协会发布配套的自律规则，明确数据报送、监控、自律约束等要求。	OT
2018 年 7 月	自 2018 年 7 月 1 日起，实施《商业银行流动性风险管理办法》，引入优质流动性资产（HQLA）充足率。HQLA 充足率是 LCR 的简化版，适用于资产在 2000 亿元以下的商业银行，全面实施后最低监管要求将达到 100%。商业银行已采取分阶段安排，以满足 HQLA 充足率的要求。银行应分别在 2018 年 12 月 31 日和 2019 年 6 月 30 日之前达到要求的 80% 和 100%。2018 年 7 月 1 日，根据《商业银行流动性风险管理办法》，净稳定资金比率（NSFR）生效，适用于资产在 2000 亿元以下的商业银行，最低监管要求为 100%。《商业银行流动性风险管理办法》对所有商业银行实行流动性匹配率（定义为资金加权平均数除以资产加权平均数），最低要求为 100%。商业银行自 2020 年 1 月 1 日起应达到最低要求。2020 年之前，流动性匹配率作为监测指标。	Liquidity（+1）
2018 年 7 月	2018 年 7 月 1 日，《商业银行流动性风险管理办法（试行)》修订生效，LTD 比率继续作为监测指标。	LTD

续表

日期	政策内容	政策工具
2018 年 7 月	2018 年 7 月 1 日，《商业银行大额风险暴露管理办法》实施。这些办法要求商业银行对同行业个人客户或集团客户的风险敞口不超过一级资本净额的 25%。此外，G－SIBs 对其他 G－SIB 的风险敞口不得超过一级资本净额的 15%。商业银行应满足《大额风险敞口管理办法》对大额风险敞口的监管要求。对截至 2018 年底不符合《商业银行大额风险暴露管理办法》规定的同行业客户风险暴露监管要求的商业银行，设立三年过渡期，相关商业银行应在 2021 年底前达到要求。《商业银行大额风险暴露管理办法》要求商业银行对非银行个人客户的贷款余额不得超过资本净额的 10%，对非银行个人客户的风险暴露不得超过一级资本净额的 15%。个人非银行客户包括主权实体。	OT（+1）
2018 年 8 月	2018 年 8 月 3 日，远期外汇销售的法定准备金从 0 提高到 20%。	RR（+1）
2018 年 11 月	自 2018 年 11 月 16 日起，金融稳定委员会发布了 2018 年 G－SIBs 名单（根据 2017 年末业绩计算），中国农业银行、中国工商银行、中国银行和中国建设银行被确认为 G－SIBs。中国银行和中国工商银行须遵守 1.5% 的附加资本要求，而中国农业银行和中国建设银行须遵守 1% 的附加资本要求。2017 年农业银行追加资本金 1%，其他 3 家银行中国工商银行、中国银行、建设银行追加资本金 1.5%。2018 年 11 月 27 日，人民银行、银保监会、证监会联合发布完善境内系统重要性金融机构监管的指导意见；下一阶段将制定额外的资本金要求和流动性要求。追加资本采用连续法计算；即选择系统重要性得分最高的金融机构作为基准机构，确定其附加资本要求，其他机构的附加资本要求根据其系统重要性得分与基准机构。2018 年 11 月 27 日，人民银行、银保监会、证监会联合发布完善境内系统重要性金融机构监管的指导意见；下一阶段将制定额外的资本金要求和流动性要求。	SIFI（+1）
2018 年 12 月	2018 年 12 月 31 日，资本保护缓冲的最低要求从 2.1% 提高到 2.5%。	Conservation（+1）
2018 年 12 月	自 2018 年 12 月 31 日起，最低流动性覆盖率（LCR）要求提高至 100%。自 2018 年 12 月 31 日起，银行应达到 80% 的优质流动资产充足率。	Liquidity（+1）

注：宏观审慎政策数据来自 Alam 等（2019）。